Armin Emrich

Spielend
Handball lernen
in Schule und Verein

Limpert

27828   **95/2239**

Armin Emrich
Kürzellerstraße 33
77963 Schwanau

Die Ratschläge in diesem Buch sind von dem Autor und dem Verlag sorgfältig erwogen und geprüft, dennoch kann eine Garantie nicht übernommen werden. Eine Haftung des Autors bzw. des Verlages und seiner Beauftragten für Personen-, Sach- und Vermögensschäden ist ausgeschlossen.

Die Deutsche Bibliothek - CIP-Einheitsaufnahme

Spielend Handball lernen in Schule und Verein /
Armin Emrich. [Zeichn.: Grindler, Adam]. - Wiesbaden :
Limpert-Verl., 1994
   ISBN 3-7853-1570-8
NE: Emrich, Armin; Grindler, Adam

© 1994, by Limpert Verlag GmbH, Wiesbaden

Zeichnungen: Christa Adam, Karlheinz Grindler
Umschlag: Hartmut Sattler
Umschlagfoto: Presse-Foto Baumann, Ludwigsburg
Satz und Layout: Drexler, Studio Riether
Druck und Bindung: Allgäuer Zeitungsverlag, Kempten
Printed in Germany/Imprimé en Allemagne
ISBN 3-7853-1570-8

Inhaltsverzeichnis

Inhaltsverzeichnis

Hallenhandball ist ein Mannschaftsspiel für Jungen und Mädchen. Auch in der Schule sind die Kinder von der Faszination des Spiels mit Hand und Ball erfaßt, in allen Schularten und allen Altersstufen.

Die "Spielschule Handball" wurde seit Jahren in allen Alters- und Leistungsstufen erprobt. Im Rahmen von Jugendtraineraus- und fortbildungen, Lehrerfortbildungen sowie der Referendarausbildung wurde die Spielreihe mit viel Anklang der Teilnehmer aufgenommen und durch Anregungen immer wieder weiterentwickelt.

Das Vermittlungsmodell wurde unter jeweils unterschiedlichen Ziel- und Schwerpunktsetzungen im Schulsport und im Vereinssport unter dem Aspekt der Anfänger- und Fortgeschrittenenschulung angewandt.

Vor allem die Schulrealität, insbesondere die Leistungsunterschiede bei Schülern und Schülerinnen (z.B. koedukativer Sportunterricht) prägten die methodische Entwicklung. So wurde versucht, die jeweiligen altersspezifischen Voraussetzungen der Schüler, die räumlichen Gegebenheiten sowie die schulartspezifischen Lehrplanvorgaben in Einklang zu bringen. Lehrerinnen und Lehrern soll diese praxisgemäße Schulkonzeption zur Unterstützung der täglichen Arbeit dienen.

In der folgenden Darstellung werden "Schülerinnen bzw. Schüler" zur Vereinfachung mit dem Begriff "Schüler" oder "Spieler" zusammengefaßt.

Das auf Lernfortschritt angelegte Konzept der Spielreihe beschränkt sich auf das Wichtigste, mit der Zielsetzung, technisch-taktische Elemente des Handballspiels spielerisch zu vermitteln.

Dieses Konzept ist in allen Altersstufen anwendbar!

2   Spielschule Handball

2.1   Spielend lernen - Spielfähigkeit entwickeln

Das Spiel- und Freizeitverhalten unserer Kinder hat sich infolge neuer Umwelteinflüsse weitgehend geändert.

Kinder und Schüler üben zuviel und spielen zu wenig!

Diese weitverbreitete Unterrichtspraxis entspricht nicht (mehr) dem natürlichen Spielverhalten von Kindern und Jugendlichen. Pädagogische Werte des Spiels werden durch dominantes Üben von technischen Fertigkeiten unterdrückt.

Diese Aussage macht deutlich, daß bei der handballspezifischen Zielsetzung - dem Spielen - der spezifischen Spielfähigkeit die höchste Wertigkeit zuteil werden soll. Die Spielfähigkeit bildet die grundlegende Voraussetzung für das beobachtbare Spielverhalten.

Spielfähigkeit ist nicht einfach die Summe von Technik, Taktik und Kondition. Die handballspezifische Spielfähigkeit ist sehr komplex, vielfältig und doch ganzheitlich. Die Fähigkeit Handball zu spielen umfaßt in ausgewogener Zusammensetzung unter anderem:

– motivationale und konstitutionelle Faktoren
– koordinative und konditionelle Fähigkeiten
– taktische Fähigkeiten
– technische Fertigkeiten.

Spielen lernt man nur im Spiel!

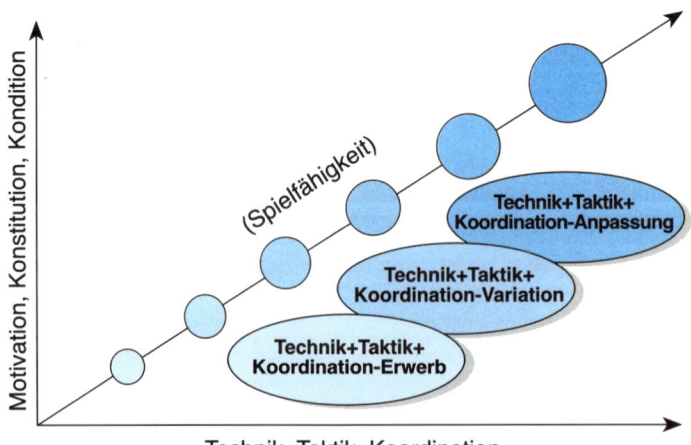

Abb. 1: Spielfähigkeit entwickeln.

2.2   Eine Handballspielreihe nach dem spielgemäßen Konzept

Der Grundgedanke bei der Einführung und Schulung des Handballspiels in der Schule geht davon aus, daß durch Spielreihen zum Sportspiel Handball hingeführt wird.

Übungsformen sollen nur dann eingesetzt werden, wenn das Erlernen bestimmter Einzeltechniken dies erforderlich macht.

Bei der technisch-taktischen Schulung sollte von der Einheit des Spiels bzw. des Spiel-gedankens ausgegangen werden. Das Spiel ist der zentrale Ausgangspunkt für die Motivation der Schüler, individuelle und mannschaftliche Fähigkeiten und Fertigkeiten zu erlernen und zu verbessern.

Die Spielleistung kann nur durch die Verbesserung technisch-taktischer Elemente gesteigert werden. Die Schüler sollen spielend lernen, d.h. sie müssen Spielsituationen erleben, die sie bewältigen können und die bei Bedarf veränderbar sind.

Methodische Empfehlung: - **vom Bekannten zum Unbekannten**
                          - **vom Leichten zum Schweren**
                          - **vom Einfachen zum Komplexen**
                          - **vom langsamen zum schnellen Spiel**
                          - **vom Überzahlspiel zum Gleichzahlspiel**
                          (Es gibt keine vorgegebene Reihenfolge)

Spielreihe
("Hauptstraße")

Übungsreihe
("Nebenstraße")

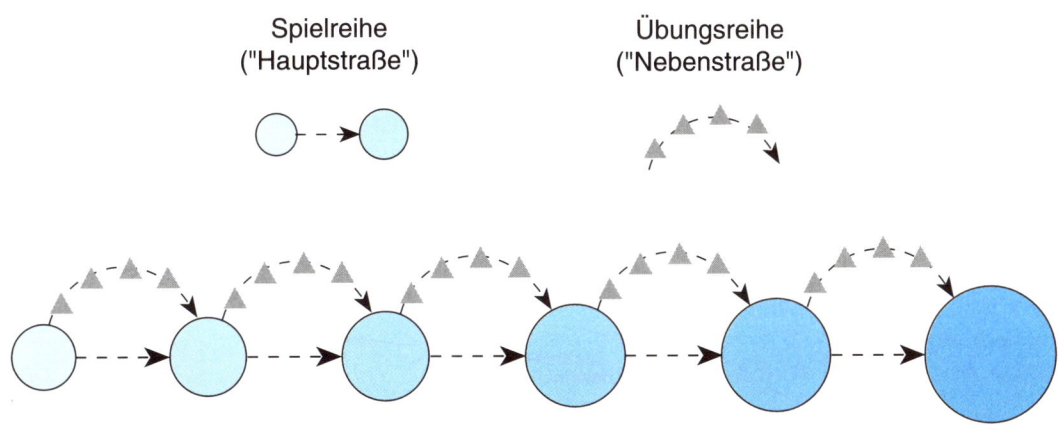

Abb. 2

Die Handballspielreihe baut auf dem Prinzip der Elementarisierung auf. Das Zielspiel Handball wird auf repräsentative Grundsituationen reduziert. Die Spielidee (Tore erzielen und Tore verhindern) und die Spielstruktur bleiben erhalten.

Übergeordnete Zielsetzung ist die Vermittlung vielfältiger Bewegungserfahrung auf spielerische Art und Weise. Die Schulung technischer Elemente wird nur im Bedarfsfall aus den Spielformen ausgekoppelt und unter Berücksichtigung des jeweiligen Leistungsstandes wieder in die Spielformen eingekoppelt. Die Schüler können die Notwendigkeit des Übens und den Lernfortschritt erfahren.

Grundlagen:

Durch die Spielschule sollen
- einfache technische Fertigkeiten (Passen, Fangen, Prellen, Torwurf...);
- einfache taktische Fähigkeiten (Freilaufen, Abwehren...);
- konditionelle Fähigkeiten (Beweglichkeit, Schnelligkeit, Kraft, Ausdauer);
- koordinative Fähigkeiten (Orientierung, Reaktion, Rhythmus, Gleichgewicht...);
spielerisch vermittelt und verbessert werden.

Das Vorangehen kann dem Lernfortschritt der jeweiligen Klasse ständig neu angepaßt werden:

- technisch-taktische Elemente sind untrennbar in den Spielformen miteinander verbunden;
- die einzelnen Spielformen der Spielreihe können wechselnden räumlichen Gegebenheiten oder den Bedürfnissen der Klassenzusammensetzung leicht angepaßt werden;

- je nach Entwicklungs- und Leistungsstand können Spielaufgaben erschwert oder erleichtert werden;
- notwendiges Üben von Einzelelementen kann durch das Erkennen von Defiziten im Spiel transparent gemacht werden.

Inhaltliche Schwerpunkte beim Spielen werden gelegt durch die Veränderbarkeit von:

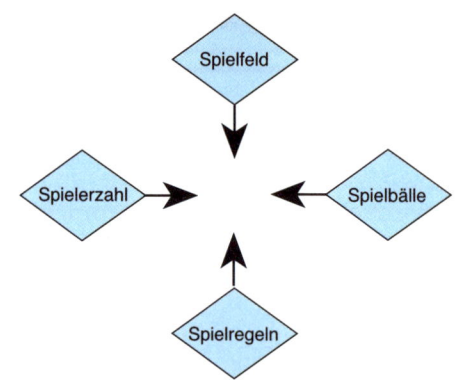

Abb. 3

Durch die Methode "Spielen lernen durch das Spiel" kommen physische, psychische und pädagogische Werte des Handballspiels zur Geltung.

Die Schüler lernen ihre physischen und psychischen Möglichkeiten schneller und intensiver kennen. Das beobachtbare Verhalten der Schüler und die Tatsache, ob das Spiel gelingt, lassen immer wieder deutlich werden, daß beim Spielen...

...Schmerzgrenzen der Anstrengung überwunden werden
...Emotionen, Kampfgeist, Teamgeist und Begeisterung erlebt werden
...sich Blickkontakte, Körpersprache, Verstehen ohne Worte entwickeln
...alle Schüler sich gegenseitig ins Spielgeschehen mitreißen.

Möglichkeiten des erziehenden Unterrichts:

Erziehender Unterricht hat etwas mit der Vermittlung von
- Einsichten,
- Einstellungen und
- Verhaltensweisen zu tun.

Unter dem Deckmantel des Spieleifers erfahren die Schüler die Auswirkungen von Anstrengung, Ermüdung und Erholung auf sich selbst und andere.

Die Schüler erkennen die eigenen Möglichkeiten sowie die Abhängigkeit und das Angewiesensein auf den und die anderen (...mannschaftsdienliches Verhalten, übertriebener Eigenwille...).

Gruppendynamische Prozesse können bewußt gemacht werden, Konflikte, die aus dem Spielgeschehen erwachsen, können (sollten) offen angesprochen und gemeinsam Lösungsmöglichkeiten erarbeitet werden.

Der Lehrer sollte Hilfen zur Bewältigung von Frustrationen und Mißerfolgen geben. Die Spielschule strebt eine wachsende Unabhängigkeit der Schüler vom Lehrerurteil an.

Die Schüler entwickeln:

- Tugenden im Umgang mit sich selbst:

    - Schülerselbstbewertungen und Mannschaftsgefüge
    - Selbstvertrauen
    - Leistungsstreben
    - Selbstkritik (eigene Fehler erkennen/eingestehen)
    - Selbstdisziplin
    - übertriebener Eigenwille

- Tugenden im Umgang mit Mitspielern:

    - mannschaftsdienliches Verhalten
    - Streben nach Gerechtigkeit (Regeleinhaltung)
    - Fairneß
    - Teamfähigkeit (gebildete Mannschaften bleiben über mehrere Stunden bestehen)
    - Kooperation
    - Verantwortungsbewußtsein im Spiel
    - auf Mitspieler eingehen, Konflikte umsichtig und konstruktiv lösen....

Besonders wichtig sind Diskussionen über Regeln und der selbständige Umgang mit Regeln; auch jüngere Schüler können diese Einsichten verständlich nachvollziehen.

Die folgenden Beispiele versuchen, unterrichtspraktische Bedingungen und Lehrplanforderungen in Empfehlungen umzusetzen.

Das hier vorgestellte Konzept der Spielschule ist je nach gegebenen Voraussetzungen variabel aufgebaut und veränderbar.

Ein motorisch durchschnittlich begabter Schüler sollte die jeweilige Spielaufgabe bewältigen können. Sind die Anforderungen zu hoch bzw. zu niedrig bemessen, sollte der/die Lehrer/in von der Veränderbarkeit der inhaltlichen Gestaltungsmöglichkeiten Gebrauch machen.

FAIR PLAY zu vermitteln, ist Zielstellung des Spielschulen-Konzepts!

Faire Spielweise im Schulsport ist nicht nur ein Erziehungsziel im Schulhandball, sondern auch methodisch wichtig. Fouls und zu körperbetontes Spiel unterdrücken die technischen und sozialen Entfaltungsmöglichkeiten der Schüler.

Der Lehrer ist nicht nur Schiedsrichter, sondern vor allem Spielleiter mit pädagogischen, methodischen und organisatorischen Aufgaben.

Um Spezialisten und Anfänger in gleicher Weise in das Spiel zu integrieren, müssen die Spielmodalitäten so gewählt werden, daß alle am Spiel aktiv und mannschaftsdienlich teilnehmen können. Alle Schüler müssen das Gefühl haben, für den Ausgang des Spiels - bei Sieg und Niederlage - mitverantwortlich zu sein.

Zusammenfassung:

1. Die Spielschule Handball basiert auf dem Motto:

   - Spielen lernen durch das Spiel -

Es wird sofort mit dem Spiel begonnen. Die in sich schlüssige Spielreihe verknüpft Spielformen miteinander, die die gleiche Spielidee und Spielstruktur beinhalten. Das Vorgehen in kleinen Schritten führt durch geringfügige Regelveränderungen zu individuellen und mannschaftlich motivierenden Erfolgserlebnissen.

2. Die Spielschule Handball erzieht zu einer Spielhaltung:

   - FAIR PLAY
   - mannschaftsdienliches Verhalten

   und fördert

   - angewandte Technik im Spiel
   - spielspezifische Kondition
   - Spielübersicht und Spielwitz.

3. Vielleicht prägt diese Spielschule das ganze

   Hand - Ball - Spieler - Leben

4. Vielleicht wird dadurch das Handballspiel **bewußter** und **freudvoller** als ein schönes kreatives Spiel betrieben.

5. Es gibt keine eigentliche Unterrichtsdemonstrationen. Durch das Zusammenwirken von Variablen der Spielorganisation bewirkt die Spielaufgabe den Lernfortschritt durch das Spielverhalten (vgl. Praxisteil).

6. Es gibt praktisch keine Korrekturen.

   Entscheidend :   b e o b a c h t e

   - gelingt das Spiel ?
   - haben die Schüler Spaß an der Spielaufgabe ?
   - sind alle Schüler in das Spiel integriert?

Lösungsmöglichkeiten bei auftretenden Problemen werden im praktischen Teil aufgezeigt.

7. Die lustige und freudvolle Stimmung wird methodisch provoziert.

8. Das mannschaftliche Zusammenspiel beim Streben nach Erfolg ist Ziel und methodische Lernhilfe zugleich.

9. Die Spielschule basiert auf dem Gedankengut

    - des erlebnisorientierten Lernens
    - des situativen Lernens
    - des aufgabenorientierten Lernens
    - des unbewußten Lernens

Zusammenwirken der 4 magischen
Rauten der Spielorganisation

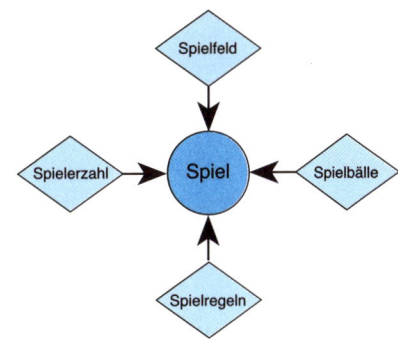

Abb. 4 -Variablen der Spielorganisation-

Nutze die Veränderbarkeit des Spielens!

2.3   Inhaltspyramide - Spielschule Handball

3.
Taktik
Positions-
wechsel,
Sperren, Anspiel,
Übergeben,
Übernehmen durch
Heraustreten und Sichern,
Verhalten bei Manndeckung,
offensives Deckungssystem,
Angriff gegen offensive Abwehr.

Erziehung zur Spielfähigkeit

Erziehung zur Spielfähigkeit

2. Schulung wesentlicher technischer Elemente

Tore erzielen
(Wurftechnik)

- Schlagwurf
- Sprungwurf
- Fallwurf
- Torwürfe aus
  versch. Positionen

Tore verhindern
(Abwehrtechnik)

- Beinarbeit
- Armarbeit
- Bereitschaftsstellung
- Wurfabwehr

1. Schulung des mannschaftlichen Zusammenspiels

- Ausnutzen des Spielraums
- Freilaufen, Fintieren mit und ohne Ball
- Passen und Fangen
- Prellen

- FAIR PLAY
- Regelverständnis
- Teamfähigkeit
- Leistungsstreben

Abb. 5: Inhaltspyramide – Spielschule Handball

Welchen Stellenwert haben einzelne, grundlegende technische Fertigkeiten oder taktische Elemente im Schulsport? Soll die Schulung des Spielgedankens oder der Erwerb von technischen Fertigkeiten im Vordergrund stehen?
Sicherlich sind technische Fertigkeiten ohne Spielumsetzung und Spiel ohne technische Fertigkeiten nicht möglich.

Die vorliegende Spielschule will Möglichkeiten aufzeigen, wie durch Spielen von Anfang an eine Entwicklung der Spielfähigkeit in allen Altersstufen erreicht werden kann.

Durch die dargestellte Inhaltspyramide sollen die wichtigsten Aspekte des Handball-Spielens in der Schule hervorgehoben werden.

Grundlegende Basis der Inhaltspyramide ist die Schulung des mannschaftlichen Zusammenspiels; Fangen-Passen-Werfen mit und ohne Prellen sollen unter Ausnutzung des Spielraumes das mannschaftliche Zusammenspiel fördern. Technisch-taktische Fertigkeiten wie Sprungwurf, Fallwurf, Schlagwurf, Finte usw... können dann je nach Leistungsstand bzw. Lernfortschritt der Schüler angemessen berücksichtigt werden.

2.4   Methodische Umsetzung:
"Hauptstraße" Spielreihe - "Nebenstraße" Übungsreihe

2.4.1 Ein lehrplangemäßes Konzept

Lehrplaninhalte	Klasse Alter	"Hauptstraße" Spielreihe	"Nebenstraße" Übungsreihe
Schulung des mannschaftl. Zusammenspiels Passen und Fangen Ausnützen des Spielraumes Freilaufen Manndeckung Tore erzielen Tore verhindern		Kombinationsball Stangentorball Mattenball Kleingruppenspiele Sektorenspiele (alle möglichst ohne Prellen) bei allen Spielformen möglich; zusätzlich Kombinationspunkte im ganzen Spielfeld	Aufwärmübungen Technikvariation
Schlagwurf		in allen Spielformen spielgemäß	Zielwurfspiele, Technik- variation, Treffballspiele
Prellen 1:1; 2:2; 3:3;...		Mannschaftsprellball 1:1 2:2 3:3	Aufwärmspiele
Arm- und Beinarbeit		Kombinationsball nur side-step 1:1; 2:2; 3:3;...	side-step, Beinefechten, Fangspiel, Linienstep
Abwehrtechnik		Kombinationsball Mattenball/Stangentorball	Lauf- und Abschlagformen, Linienstep
Fintieren		Überzahl- Sektorenspiele Abspiel nach Paßfinte	Lauf- und Fangformen, Schattenprellen, Fangspiele mit Ball
Fallwurf Sprungwurf		Mattenball Kombinationsball/Abspiel nur im Sprung (re und li)	Fallwurfübungen Sprungwurfkarussell, Strom- linien, Technikvariation, Luftlöcher schlagen,Luft- ballontreiben im Sprung
Torwürfe aus verschiedenen Positionen und unterschied- lichen Entfernungen		Sektorenspiel 5:3	positionsspezifische Wurfübungen
Positionswechsel, Sperren, Schirm, Anspiel, Übergeben, Übernehmen, Heraustreten, Laufwege und Wurf blockieren. Kreuzen in zeitlicher und räumlicher Abstimmung, Mannschaftstaktik		Spielformen auf engem Raum - Abspiel nur beidhändig - Torwurf einhändig. freies Spiel; offensive Abwehr durch Kombinationspunkte "erzwingen". siehe 4.7 Sportspiel Hallenhandball	Positionswechsel paarweise, positionsspezifische Schulung

2.4.2 Pädagogische Intentionen

Das methodische Vorgehen kann nicht durch den Lehrplan vorgegeben werden, sondern durch den aktuellen Leistungsstand der Schüler. Die Spielmodalitäten müssen dem Leistungsniveau und Lernfortschritt der Schüler angepaßt werden.

Die traditionellen Methoden (Dominanz der Übungsreihe, Vormachen-Erklären, Korrigieren) lösen das Problem kaum, weil die durch Üben erlernten Techniken in der Komplexität und Hektik des Spiels überwiegend nicht zum Tragen kommen und damit nicht zu Erfolgserlebnissen führen.

Folgende pädagogische Intentionen werden durch die Spielschule angestrebt:

- Die Schüler dürfen keine Ängste vor dem Körpereinsatz der Gegenspieler oder vor dem Spielgerät haben (körperloses Spiel, Differenzierung in der Mannschaftszusammensetzung, Softball, Bodenpässe, …).

- Die Schüler sollen keine Ängste vor Blamagen (Fehlpaß, Fangfehler, Fehlwurf...) haben. Die Schüler sollen lernen, Fehler, Sieg und Niederlage gemeinsam zu erleben und zu ertragen.

- Schüler sollen aktive und selbständige Spieler werden. Die Spielschule schützt vor unnötiger Lehrerabhängigkeit. Nicht was der Lehrer kann, und damit dem Schüler beibringen will, ist entscheidend, sondern die Entwicklung der schülergemäßen Spielfähigkeit.

- Die Schüler sollen zwar zügig, vor allem aber mit Freude lernen. Ein "Lern-Erfolgs-

denken" durch Üben ist vordergründig. Die Erfahrung zeigt, daß beim "Vormachen-Erklären-Korrigieren-Üben-Festigen" die Schüler sich mehr mit ihren Fehlern als mit ihrem Können beschäftigen.

Lernen beim Zusammenspielen ist ein sehr komplexer Zusammenhang und läuft in Schüben ab (Plateaulernen). Der Lehrer braucht Geduld, um etwas "wachsen" zu lassen.

- Das Vorangehen in kleinen Schritten führt zu vielen motivierenden Erfolgserlebnissen und kann dem Lerntempo angepaßt werden.

- Handballspezifische Spielregeln können nach und nach berücksichtigt werden.

- Der in der ersten Lernphase vereinfachte "Regelrahmen" muß vorgegeben werden. Gemäß den pädagogischen Intentionen sollten die Schüler aber dann so weit wie möglich in den "Prozeß der Regelentwicklung" einbezogen werden.

- Durch die Regel- und/oder Feldveränderungen werden die Schüler geradezu "gezwungen", technisch-taktische Elemente zu erlernen.

- Eigeninitiative, Kreativität und soziales Verhalten werden praktiziert.

- Lernen durch "Versuch" und "Irrtum".

- Die Schüler finden selbständig richtige Lösungen durch Probieren.

- Fehler machen und daraus lernen, gehört zum Spielschulen-Prozeß dazu.

Durch innere und äußere Differenzierung er-
öffnet sich die Möglichkeit, rein spielreihen-
orientiert vorzugehen, unter Berücksichtigung von:

– vereinfachten oder komplexeren Spielaufgaben;

– gleichzeitigem Spielen mit unterschiedli-
chen Spielaufgaben auf verschiedenen
Spielfeldern (Vgl. "Was mache ich, wenn..."
Kapitel 5.1.).

Dadurch kann im Grunde genommen auf
Einzelübungen verzichtet werden. Auch auf
der "Nebenstraße" kommen somit Spielformen
zur Anwendung.

Vorteil:
– viele Schüler sollen gleichzeitig ohne organisatorischen Aufwand intensiv beschäf-
tigt werden;
– je nach Entwicklungsstand und Lernfortschritt kann die Situationsreihe durch
Rückgriff auf vorangegangene Spielformen
oder Vorgriff auf folgende aufbauende
Spielformen unterbrochen werden;
– den Schülern müssen Regeln bzw. Regel-
beschränkungen einsichtig gemacht werden;
– die Spielregeln finden nach und nach Berücksichtigung;
– die Schüler wachsen durch Erweiterung
der "offenen" Handlungsmöglichkeiten in
das Zielspiel hinein.

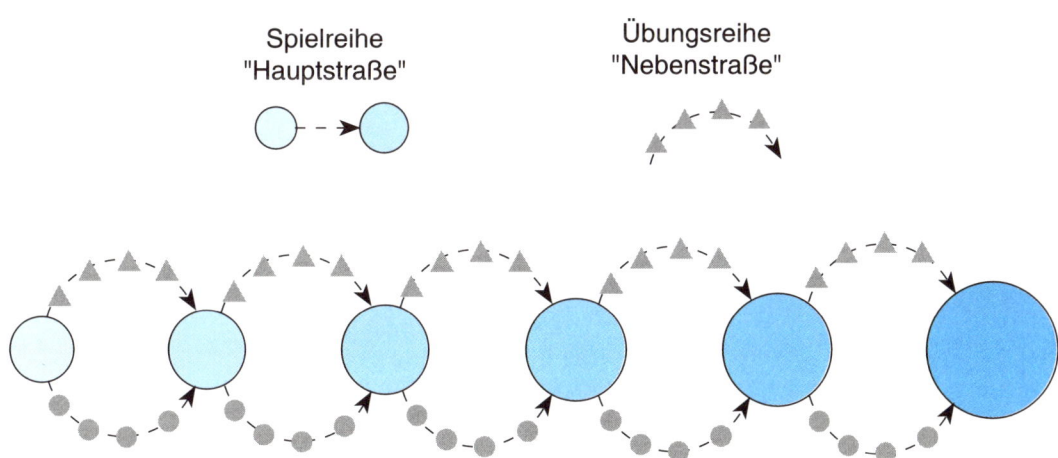

Abb. 6: Erweitertes Spielreihenmodell

Die Größe sowie die Schattierung der Krei-
se bringen die zunehmende Komplexität
des Spiels zum Ausdruck.

Zwischen den einzelnen Spielformen selbst
können jederzeit Querverbindungen bis hin
zum Zielspiel hergestellt werden.

3 Inhaltliche Gestaltungsmöglichkeiten

3.1 Die Variablen der Spielorganisation

**Schulung der Spielfähigkeit
durch Veränderbarkeit von:**

kürzer/enger/breiter/länger
Spielfelder mit neutraler Zone
Einbezug von Hallenwänden
Torerfolg nur aus bestimmten
Zonen mit bestimmter Technik
Turnmatten/Weichbodenmatte
1/3 Halle auf 2 Tore...WBM,
Turnmatten, Kasten, Kastenteil,
verkleinerte Tore
Spielfelder anderer Größe

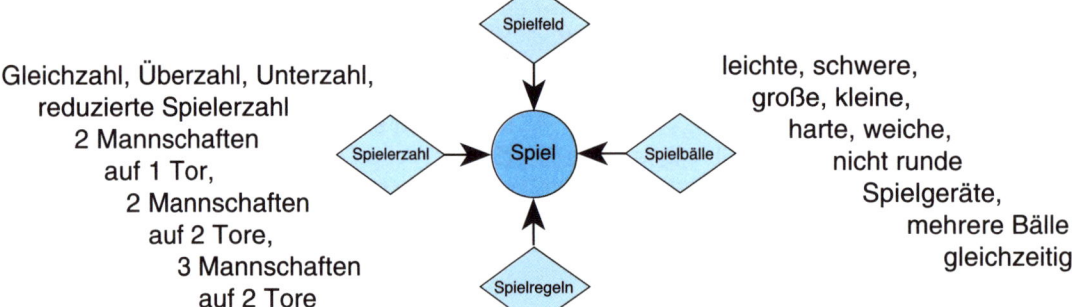

Gleichzahl, Überzahl, Unterzahl,
reduzierte Spielerzahl
2 Mannschaften
auf 1 Tor,
2 Mannschaften
auf 2 Tore,
3 Mannschaften
auf 2 Tore

leichte, schwere,
große, kleine,
harte, weiche,
nicht runde
Spielgeräte,
mehrere Bälle
gleichzeitig

einhändig - beidhändig
mit Prellen - ohne Prellen
ohne/mit Wurfkreis
direktes/indirektes Zuspiel
Fortbewegung: Laufen,
ein-/beidbeinig, side-step,
unterschiedliche Punktewertung für
bestimmte Techniken (Fangen, Passen,
Tore erzielen von verschiedenen Positionen)
Nichtanwendung bestimmter Regeln
Nichtanwendung bestimmter Techniken
Verschärfung/Lockerung von Regeln
Spielen mit der schwächeren/stärkeren Hand

Abb. 7

3.2   Die Kombination der Variablen
(Spielerzahl, Regelwerk, Spielbälle, Spielfeld)

Das Handballspielen wird auf elementare, repräsentative Grundsituationen reduziert, wobei die Spielidee und dieSpielstruktur durchgehend beibehalten werden.

Das Gesamtspiel wird in seiner komplexen Erscheinungsform vereinfacht, ohne daß der eigentliche Kern des Zielspiels aufgegeben wird.

Durch die Veränderung der 4 magischen Rauten werden für die Lernenden überschaubare und damit selbständig lösbare Spielsituationen geschaffen.

Die Variablen der Spielorganisation werden als methodische Mittel der Lernerleichterung eingesetzt. "Magisch" soll aussagen, daß alle 4 Variablen sich gegenseitig beeinflussen.

Der Spielgedanke im Handball – Tore erzielen und Tore verhindern – ist in allen Spielformen durchgängig vorhanden.

Die Spielaufgaben stellen vereinfachte Lernsituationen dar, in denen technisch- taktische und soziale Lernziele gleichzeitig angestrebt werden.

Beachte: Das Wichtigste muß bei der Kombination der Variablen herausgestellt werden; auf unbedeutende und verwirrende Erklärungen wird verzichtet! (vgl. Praxis)

**Das Erlebnis des Spielens
ist das Wichtigste!**

Üben technischer Elemente hat nur Ergänzungsfunktion, falls die Möglichkeiten der Spielreihe erschöpft sind. Die Übungsmotivation ergibt sich aus dem Spielerlebnis (Erleben von Defiziten).

Die Variabilität ist auf allen Lern- und Leistungsstufen anwendbar!

3.3 Praktische Erfahrungen

Die Spielschule Handball wurde seit Jahren in allen Alters- und Leistungsstufen erprobt.

Durch viele Erfahrungen und Anregungen von Kollegen wurde sie weiterentwickelt.

Bei allen Aussprachen und Fachdiskussionen kam immer wieder die Frage auf: darf man in dieser "Spielschule" wirklich nur spielen?

Ja,

wenn der Spielgedanke und die Schulung der Spielfähigkeit im Vordergrund stehen sollen!

Spielen lernt man nur im Spiel!

Pädagogische Beobachtungen sowie die Lehrplanvorgaben aller Bundesländer sprechen für diesen methodischen Einstieg beim Spielen mit Hand und Ball.

Die Kinder werden behutsam an den Übergang vom Spiel in außerschulischen Gruppen an das Spielen in der Schule gewöhnt. Ihre Spiel- und Bewegungserfahrungen werden aufgenommen und erweitert. Einfache Spielgedanken werden erfaßt und die natür-

liche Freude am Spielen mit Hand und Ball wird gefördert.

Übungen hinsichtlich technischer Fertigkeiten, wie Ballgewöhnung und Technikvariation, sollten im Aufwärmteil plaziert sein und nicht den Hauptteil der Stunde ausmachen. Üblicherweise wird (doch nur) zum Schluß einer Sportstunde gespielt. Das ist sicherlich zu wenig.

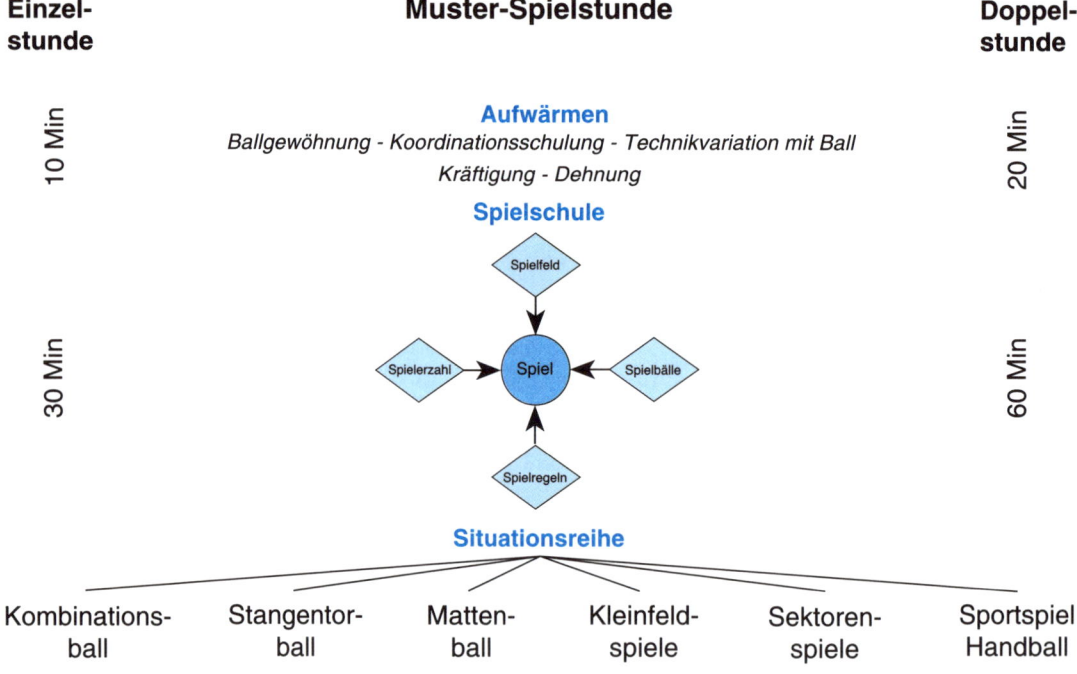

Abb. 8: Aufbau einer Spielstunde

Die Übergänge von Spielsituation zu Spielsituation sind fließend und abhängig vom Spielvermögen der Schüler.

4   Vom Basisspiel zum Sportspiel

4.1   Spielen lernen durch das Spiel

Die ausgewählten Spielformen sind in sich so aufgebaut, daß sie beliebig erleichtert oder erschwert werden können.

vom Spielen
mit Hand und Ball
im freien Raum

zum Zielspiel
Hallenhandball

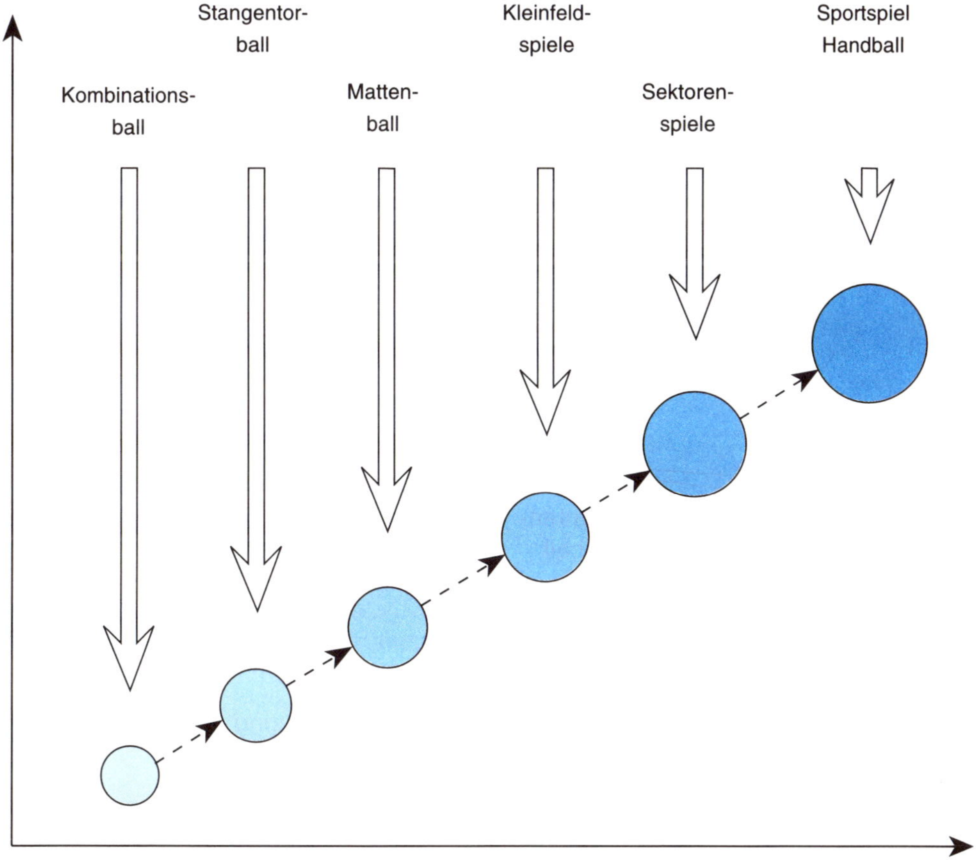

Stangentor-
ball

Kleinfeld-
spiele

Sportspiel
Handball

Kombinations-
ball

Matten-
ball

Sektoren-
spiele

Abb. 9: Spielend Handball lernen

4.2   Kombinationsball

Empfehlungen im methodischen Vorgehen

Kombinationsball ist ein zentrales Spiel innerhalb der Spielreihe. Es empfiehlt sich mit wenigen, sehr einfachen Regeln zu beginnen. Mehrere Regeln am Anfang verwirren und überfordern die Schüler. Über eine allmähliche Regelerweiterung soll das Spiel komplexer werden.
In jede neue Spielform wird eine neue Regel eingebaut, das Spielfeld oder die Spielerzahl verändert.
Nach der kurzen Regelvorgabe und dem Spielablauf ist meistens eine Gesprächsphase mit den Schülern erforderlich.

Abb. 10: Klassensituation

Die Schüler "sprudeln" oft bei der Rückmeldung, ob ihnen das Spiel Spaß gemacht hat, was "gut" und was "schlecht" im Spiel war.

Durch die gemeinsame Besprechung werden Sinn und Zweck von Regeln und Spiel bewußt gemacht. Die notwendigen Regeln werden gemeinsam gefunden und vereinbart.

Kombinationsball und alle folgenden Spielformen sollen durch die Spielgestaltung, vor allem durch Regeländerungen, ermöglichen, daß:

– Schüler mit unterschiedlicher Körpergröße und Leistungsfähigkeit gleichberechtigt am Spiel teilnehmen;

– wettkampf- und mannschaftsorientiert gespielt werden kann;

– die Spielsituationen leichter zu erfassen und damit lösbar sind;

– Spielerballungen vermieden werden;

– körperkontaktarm -FAIR PLAY- gespielt wird.

Situationsreihe Kombinationsball

- Einstieg-

Zwei Mannschaften (beliebige Spielerzahl) spielen gegeneinander:
- Eine festzulegende Anzahl von Pässen innerhalb der eigenen Mannschaft ergibt ein Tor (z.B. 5 Pässe = Tor; 10 Pässe = Tor) (Abb. 11).

– Mannschaften verkleinern
– auf 2 Spielfeldern spielen
– gleichstarke, leistungshomogene Mannschaften spielen gegeneinander

Abb. 11

Was mache ich

bei Spielerballungen und großen Leistungsunterschieden?

Abb. 12

Abb. 13

Was mache ich

bei vielen Fangfehlern und/oder vielen Fehlpässen ("Bogenlampen")?

Abb.14

– Bodenpässe zählen doppelt, direkte Pässe zählen einfach.

Kombinationsball mit Wandtor

Zwei Mannschaften (beliebige Spielerzahl) spielen gegeneinander. Es gibt zwei Möglichkeiten, Tore zu erzielen:

1. Eine festzulegende Anzahl von Pässen innerhalb der eigenen Mannschaft ergibt ein Tor (z.B.: 5 Pässe = Tor; 10 Pässe = Tor). (Abb. 15)

2. Wurf als Aufsetzer an die Wand = Tor.

Die gegnerische Mannschaft versucht die Paßfolge und die Wandtreffer zu verhindern, bzw. bei Ballbesitz selbst Kombinationspässe und/oder Wandtreffer zu erzielen.
Wurfentfernung beliebig. (Abb. 16)

Abb. 15

Abb. 16

Steigerung:

- 10 Kombinationspässe = Tor
- "Doppelaufsetzer" (Boden-Wand-Boden) = Tor
- berührt ein Abwehrspieler den von der Wand zurückprallenden Ball = kein Tor

Steigerung:

- fängt ein Abwehrspieler den von der Wand zurückprallenden Ball = kein Tor (Abb. 17)

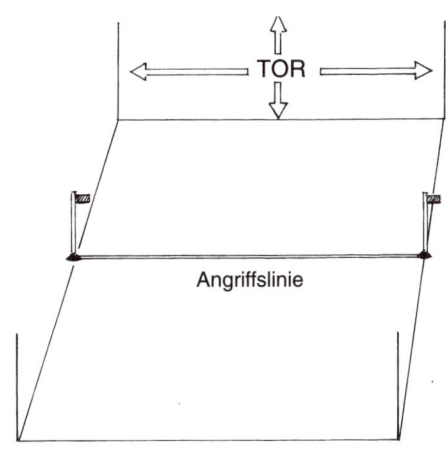

Abb. 18

Beachte: Angriffslinie je nach Leistungs-stand und - fortschritt verschieben. (Abb. 19)

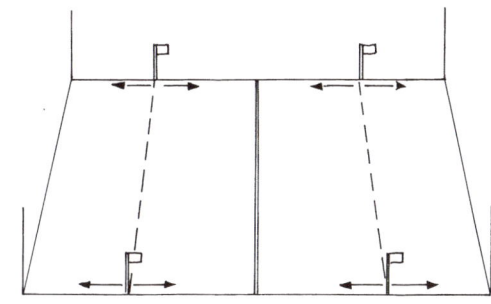

Abb. 19

Abb. 17

Empfehlungen:
körperloses Spiel, kein Prellen, kein Laufen mit dem Ball (oder: max 3 Schritte).

Kombinationspunkte zählen erst ab der Angriffslinie (zwecks geordnetem Spielauf-bau). (Abb. 18)

Fernwürfe zählen erst ab der Angriffslinie.

Hinweis:
Die Schüler versuchen sehr schnell den von der Wand zurückprallenden Ball zu schützen, indem sie dem Gegenspieler den Weg zum Ball versperren (= spielerische Einführung der Sperre). Dadurch kann der Ball vom Ge-genspieler nicht gefangen werden und somit auf den Boden fallen.

19

Der sperrende Spieler sollte die Arme anspielbereit erhoben halten. (Abb. 20)

Abb. 20

Regelanmerkung:
Es ist erlaubt (Regel 8:3), den Gegner mit dem Körper zu sperren, auch wenn er nicht in Ballbesitz ist.
Es ist nicht erlaubt (Regel 8:4), den Gegner mit Armen, Händen oder Beinen zu sperren oder zu behindern. (Vgl. Regeldarstellung im Anhang).

Steigerung:
Wir spielen 1:1 ... 2:2 ...3:3...,
ein Treffer ist erzielt durch einen Wurf: Boden-Wand-Boden.
Prellen ist erlaubt; wird der Ball mit beiden Händen aufgenommen, muß geworfen werden, sonst ist es ein Schrittfehler.
(Regelgerechtes Zweikampfverhalten, Antizipieren, Dribbling, Arm- und Beinarbeit) (Abb. 21)

Abb. 21

Wichtig: Es kommt nicht in erster Linie auf das Dribbling an, sondern auf:

• das Schützen des Balles
• das taktische Zurückziehen des Abwehrspielers, (Abb. 22)

Abb. 22

• die Bereitschaftsstellung,
• Arm- und Beinarbeit (Abb. 23 u. Abb. 24)

Abb. 23

Bereitschaftsstellung ohne Ball

Abb. 24

Bereitschaftsstellung mit Ball

• das offensive Heraustreten (Armlängenabstand zum Angreifer). (Abb. 25)

Abb. 25

• das Zurückfallenlassen in den "freien Raum", um einerseits die Wurfmöglichkeiten des Gegenspielers zu verschlechtern und andererseits den Rückpraller von der Wand zu fangen.
(Abb. 26)

Abb. 26

Beachte:

Gegenspieler nach kurzer Zeit wechseln (die Schüler wählen den Gegenspieler selbst).

Zusammenfassung:

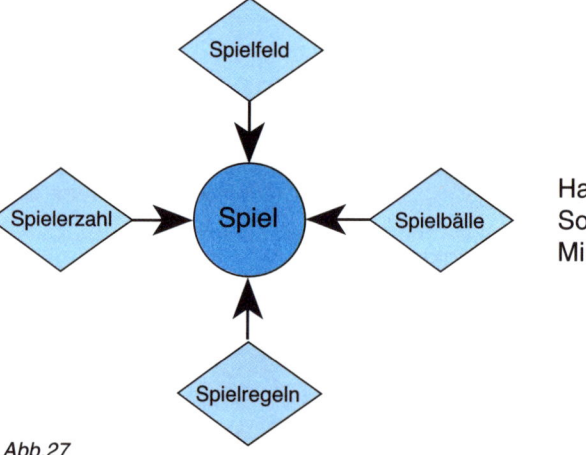

**Was soll durch die
Variablen der Spielorganisation
erreicht werden ?**

Halle,
kleinere Spielfelder,
Handballkreis,
Wandtor,
Mittellinie,
Angriffslinie,
Torersatz,..

beliebig variabel:
1:1, 2:2; 3:3; 4:4; ...
Überzahl/Unterzahl:
3:2; 4:3; ... 9:8;...

Handbälle,
Softbälle,
Minihandball,..

Spielfeld

Spielerzahl   Spiel   Spielbälle

Spielregeln

Abb.27

Was erreicht werden soll

FAIR PLAY- körperloses Spiel

Umsetzung einfacher Basisregeln

Regel-Varationen

Nicht erlaubt:

– Stoßen
– Schlagen
– Festhalten
– Klammern

Abb.28

Was erreicht werden soll

Passen, Fangen, "weiche Ballannahme"
(Abb. 29 und 30);

Abb. 29

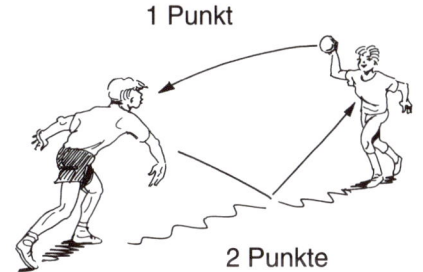

1 Punkt

2 Punkte

Abb. 30

Anbieten - Freilaufen;
Förderung des Zusammenspiels;
Integration der Leistungsschwächeren in
das Spielgeschehen;
Förderung des Zusammenspiels von Jun-
gen und Mädchen;

Werfen soll aus jeder Position für jeden
Schüler möglich sein; (Abb. 31)

Abb. 31

Regel-Varationen

- Passen - ohne Prellen
- 3-Schritt-Regel: mit dem gehaltenen Ball
  höchstens drei Schritte.
  (vgl. Technikvariation)

- direkte Pässe = 1 Punkt
- indirekte Pässe = 2 Punkte

Anmerkung:
Der indirekte und damit aufsteigende Ball
kann leichter angenommen und gesichert
werden.

- kein Laufen mit dem Ball,
- erreichte Anzahl der Pässe bleibt bei Ballverlust erhalten oder Zählweise beginnt
  bei Null,
- Paßfolge ununterbrochen,
- Passen ohne Rückpaß: Ein anderer Spieler - nicht der Paßgeber - muß angespielt
  werden,

- Aufsetzertreffer an die Wand = Tor,

- Aufsetzertreffer muß wieder zu Boden fallen = Tor (Boden-Wand-Boden),

Was erreicht werden soll

Regel-Varationen

Vermittlung technisch-taktischen Grund-
verhaltens in Angriff und Abwehr; (Abb. 32)

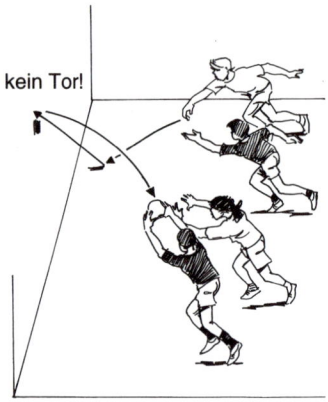

kein Tor!

Abb. 32

Komplexe Entwicklung koordinativer Fähigkeiten;

Technik-Variation, Rhythmus-, Orientierungs-
fähigkeit, Beweglichkeit, Antizipations- und
Reaktionsfähigkeit.

– den von der Wand zurückprallenden Ball
erobern,

– Schützen des eigenen Aufsetzerballes,
damit der Gegner den zurückprallenden
Ball nicht fangen kann,

– Fortbewegung im Spiel: laufen, hüpfen
ein-beinig, beidbeinig, side-step ...
– Paß durch die Beine des Gegners (vom
Mitspieler gefangen) = 3 Punkte.

Bei Regeländerungen benötigen die Schüler Gewöhnungsphasen

Die Variationsmöglichkeiten sind auf alle folgende Spielformen übertragbar!

4.3 Stangentorball

Stangentorball empfiehlt sich, wenn in der Halle keine gleichwertigen Wandbegrenzungen vorhanden sind.

Abb. 33

Situationsreihe - Stangentorball

Zwei Mannschaften spielen gegeneinander auf 2 Stangentore. Es darf um das Stangentor herumgespielt werden; Tore sind von vorne und von hinten erzielbar. Ein Treffer ist dann erzielt, wenn ein Mitspieler der eigenen Mannschaft den Bodenpaß durch das Stangentor fangen kann. (Abb.33)

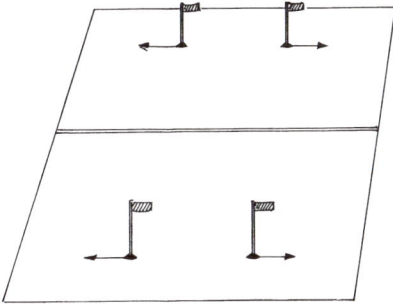

Abb. 34

Beachte:
Die Breite des Stangentores entscheidet über die Schwierigkeit der Spielaufgabe. (Abb. 34)

Bei Spielerballungen:
– Tor verbreitern
– Kombinationspunkte einführen.

Abb. 35

Steigerung:
Der Bodenpaß durch das Stangentor muß nicht nur gefangen, sondern als Aufsetzer durch das Tor zurückgeworfen werden. Dieser muß nicht gefangen werden. (Abb. 35)

4.3 Stangentorball

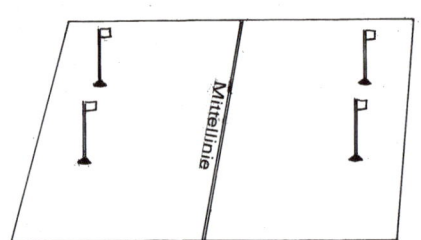

Abb. 36

Veränderungen:
– Kombinationspunkte nur ab der Mittellinie
– Fortbewegung nur side-step
(Abb. 36)

Mannschaftsspiel:

3:3, 4:4, 5:5,...

Erweiterung:
2 Mannschaften spielen gegeneinander auf
2 Stangentore an der Wand.

Werfen ist nur außerhalb der Angriffslinie
erlaubt. (Abb. 37)

Bei Spielerballungen:
Kombinationspunkte zwischen Mittellinie und
Angriffslinie

Beachte:
Torgröße und Angriffslinie dem Könnensstand
der Schüler anpassen!

Variationen:
Der Torwart "geht mit". (Abb. 38)

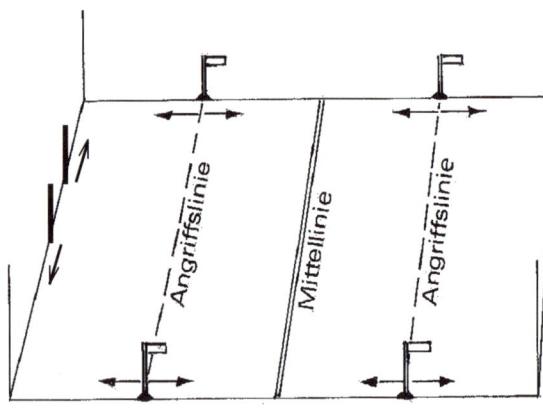

Abb. 37 Angriffslinie = Wurflinie

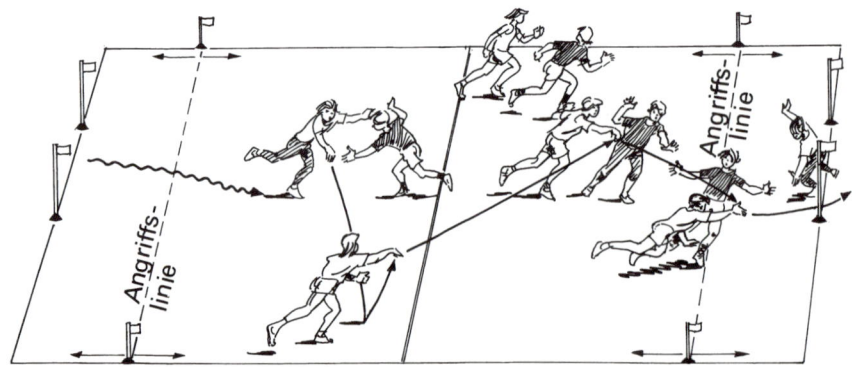

Abb. 38

26

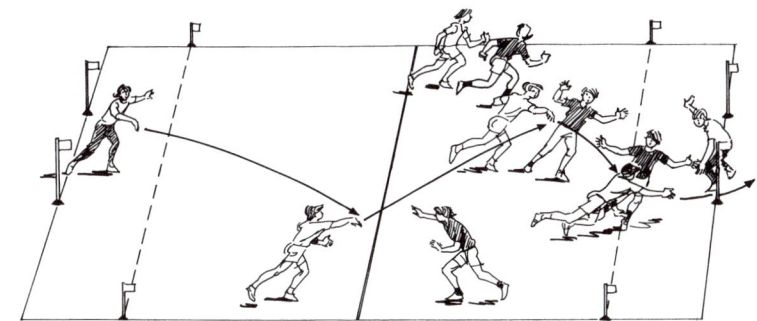

Abb. 39 (Angriffslinie)

Der Torwart bleibt als "fester" Torwart.
(Abb. 39)

Abb. 40 (Wurfkreis)

Der Torwart "geht mit".
(Abb. 40)

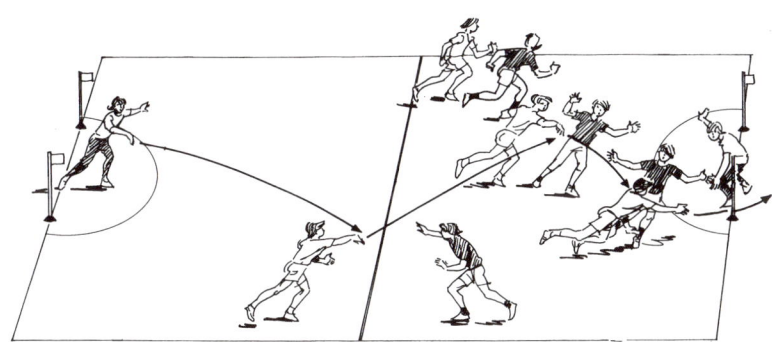

Abb.41

Der Torwart bleibt als "fester" Torwart.
(Abb. 41)

Der Wurfkreis ist leicht mit Klebeband zu markieren oder durch "Reivo"- Boden-markierungen zu kennzeichnen.

Mannschaftsspiel:

3:3, 4:4, 5:5,...

Beachte:

Bei "fliegendem" Torwart wird der Torwart bei Ballbesitz zum Feldspieler: Überzahlangriff!

Bei Ballverlust muß ein anderer Spieler ins Tor. Torwurf ist erst ab der Mittellinie erlaubt.

Torgröße und Kreisentfernung müssen dem Könnensstand angepaßt werden.

Überzahl im Angriff hat sich methodisch besonders bewährt.

Spielen mit einem neutralen Spieler dagegen ist für die Schüler eine künstliche Situation und daher keine Alternative zum Spielen in Überzahl.

Die vermeintlich methodische Erleichterung ist in Wirklichkeit eine Erschwerung.

Der neutrale Spieler ist kein gleichwertiger Angreifer und muß daher nicht angegriffen werden. Die direkte Gleichzahl bleibt erhalten.

Zudem muß der "Neutrale" einer der Besten sein: Paßgenauigkeit und Timing sind eine Grundvoraussetzung.

4.4   Mattenball

Bei dieser Spielform sind alle Elemente aus der Situationsreihe Kombinationsball übertragbar.

Spielform

Situationsreihe - Mattenball

Zwei Mannschaften spielen gegeneinander und versuchen, den Ball auf der gegnerischen Weichbodenmatte beidhändig in Bauchlage abzulegen. (Abb. 42)

Auf korrekte Ausführung achten!

Abb. 42

Berührt ein Abwehrspieler die eigene Matte, wird dies als Punkt für den Gegner gewertet. "Abwehr im Kreis" (Berühren oder Überqueren der Matte) muß streng geahndet werden. Die Verletzungsgefahr durch Zusammenprall oder durch überzogen riskanten Körpereinsatz ist dadurch minimiert.

Beachte:
Bei Spielerballungen Kombinationspunkte einführen: – im ganzen Feld

Steigerung:
                         – ab der Mittellinie (Abb. 43)

Mattenball wird zusätzlich mit Wandtor gespielt:
– Kombinationspässe ab der Mittellinie = 1 Punkt
– beidhändiger Fallwurf (in Bauchlage) = 2 Punkte
– Fallwurf auf die Weichbodenmatte mit einhändigem Aufsetzer-Wurf an die Wand = 3 Punkte (der Ball muß Boden-Wand-Boden berühren. (Abb. 44)

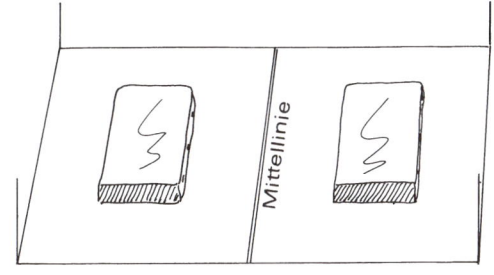

Abb. 43

Abb. 44

Der Werfer muß sich im Fallen entscheiden:

– "beidhändiger" Fallwurf auf die Weichbodenmatte = 2 Punkte;
– einhändiger Aufsetzer an die Wand = 3
  Punkte;

Gelingt es der abwehrenden Mannschaft den
Abpraller von der Wand zu fangen = kein
Punkt!

Anmerkung:
Auf angemessenen Abstand der Weichbodenmatte von der Wand ist zu achten.

Erweiterung:
Handball auf Weichbodenmatten als Tore

2 Mannschaften spielen gegeneinander.
Ein Tor wird erzielt, indem der Ball beidhändig
auf die stehende Weichbodenmatte gedrückt
wird. (Abb.45)

Abb. 45

– Prellen ist verboten
– max. 3 Schritte mit dem Ball
– bei Spielerballung vor der Matte: Kombinationspunkte ab der Mittellinie

Beachte:
Bleiben Schüler im Angriff stehen ("Ab-
stauber"), ist die eigene Mannschaft in der
Abwehr in Unterzahl.
Die angreifende Mannschaft erzielt dadurch
leicht Tore durch Kombinationspässe.

Variation:
Zwei Mannschaften spielen gegeneinander.
Ein Wurf auf das Tor (Weichbodenmatte) als
Aufsetzer ist aus jeder Entfernung erlaubt.
(Abb. 46)

– bei Spielerballungen: Kombinationspunkte
  ab der Mittellinie.

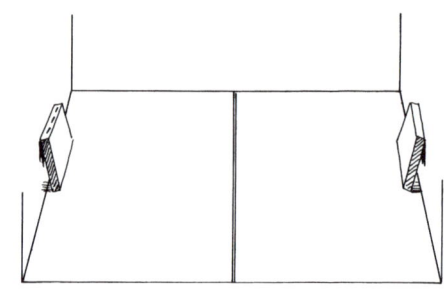

Abb. 46

Anmerkung:

Aufsetzertore bevorzugen;
Vorteile: Ein Angstverhalten der Schüler wegen gefährlicher Bälle kommt nicht auf. Die
Schüler werden ohne Erklärung zu einer ge-
zielten und kontrollierten Wurfarmführung
angehalten:
– Hand liegt hinter dem Ball
– Wurfarm wird gestreckt und kraftvoll nach
  vorne geführt. (Abb. 47)

Abb. 47

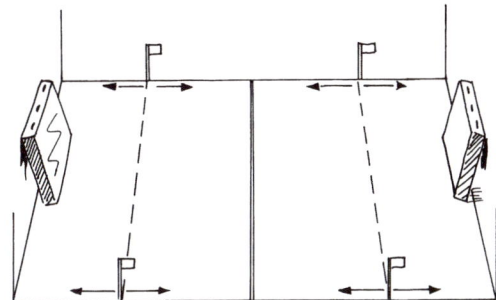

Torwurf ab der Angriffslinie

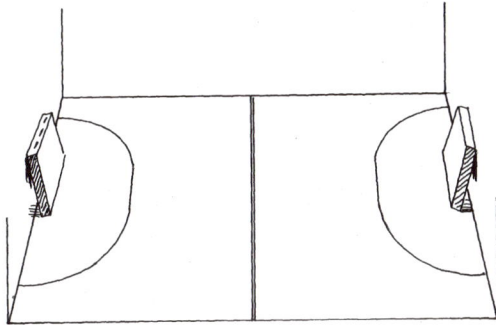

Torwurf außerhalb des Handballkreises
Abb. 48

Abb. 49

Differenzierung:
Auf mehreren kleinen Spielfeldern kann dem Könnensstand der Schüler entsprechend mit unterschiedlichen Regeln gleichzeitig gespielt werden. (Abb. 49)

Organisationsmöglichkeiten:

– mit "festem" Torwart
– "der Torwart geht mit"
– der Torwart muß nach jedem Angriff gewechselt werden
– "der letzte Mann ist Torwart"
– Torschütze wechselt ins Tor

Beachte:
Die Angriffslinie bzw. der Wurfkreis müssen der Wurfkraft der Schüler angepaßt werden (der Wurfkreis kann mit einem Klebeband leicht gezogen werden). (Abb. 48)

4.5   Kleinfeldspiele

Alle angestellten Überlegungen zur didaktischen Begründung sowie die Möglichkeiten von Regel- und Feldveränderungen, sind auf die Kleinfeldspiele übertragbar.
Die Kombination von Variablen der Spielorganisation zieht sich als roter Faden durch alle Spielformen.

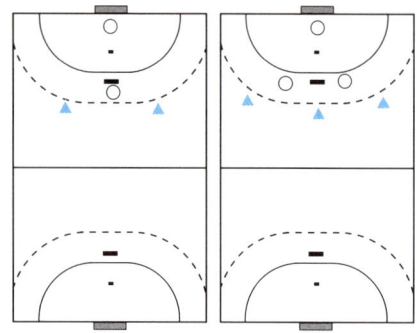

Abb. 50

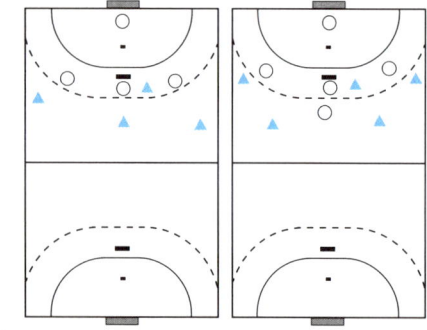

Abb. 51

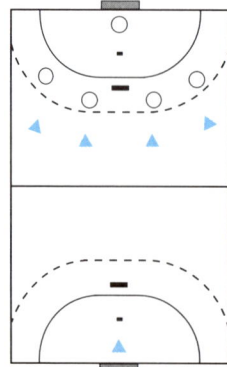

Abb. 52

In den folgenden Spielbeispielen erschwert oder erleichtert die Veränderung der Spielerzahl die Spielaufgabe.
Handball auf zwei Tore mit 2 Mannschaften:

Freies Spiel
ist auch in kleiner Halle oder in einem Hallendrittel möglich. (Abb. 50)

Überzahlspiele
haben sich methodisch besonders bewährt.

Überzahlspiele auf 2 Tore (Abb. 51)
z.B. 2:2...5:5
Achtung! Nicht Gleichzahl! Überzahl bedeutet:
Der Torwart geht mit; er wird zum Angriffspieler, dadurch entsteht die Überzahlsituation
Der Torwurf ist erst ab der Mittellinie erlaubt.
Auch auf mehreren Spielfeldern gleichzeitig möglich!

Vorteil:
Keine vorzeitige Rollenzuteilung
für Feldspieler und Torwart.
Beachte:
Neutrale Anspieler (keine vollwertigen Mitspieler) sind aus spielmethodischen und spieltaktischen Überlegungen zu vermeiden.

Gleichzahlspiele (Abb. 52)
– stellen sehr hohe Anforderungen,
– Prellen verboten (nur bei mannschaftsdienlicher Spielweise erlaubt),
– bei defensivem Abwehrverhalten der Schüler Kombinationspunkte ab der Mittellinie.

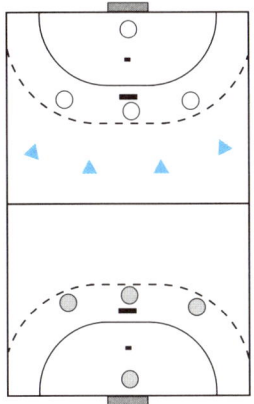

Abb. 53

Handball auf 2 Tore mit mehreren Mannschaften:

Mehrere Mannschaften spielen im Wechsel gegeneinander. Die ballbesitzende Mannschaft greift an. Bei Torerfolg oder Ballverlust hat die Angreifermannschaft Pause. Die Mannschaft, welche abgewehrt hat, greift jetzt gegen die bereits in Abwehraufstellung wartende nächste Mannschaft an.

Beispiel:
Handball auf 2 Tore
mit 3 Mannschaften (Abb. 53)

Variationen:
Überzahlangriff: Torwart "geht mit".
Gleichzahlangriff: Torwart "bleibt".

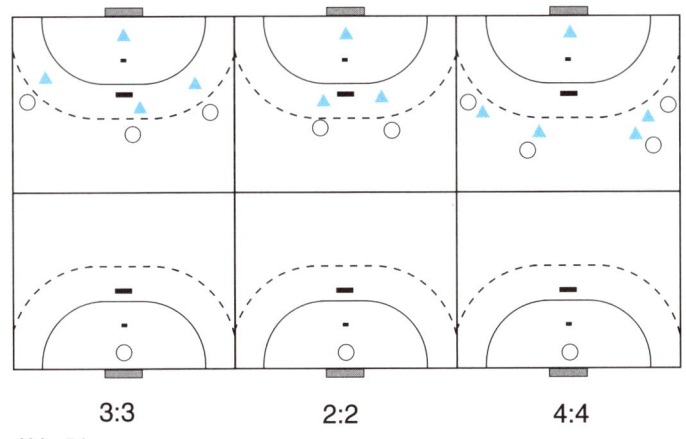

3:3	2:2	4:4

Abb. 54

Gleichzahlspiele
2:2; 3:3; 4:4; usw. können auf mehreren Spielfeldern gleichzeitig gespielt werden.
(Abb. 54)

Organisatorische Hinweise:
– Spielführer als Spielleiter benennen
– nicht aktiv teilnehmende Schüler zur Schiedsrichtertätigkeit heranziehen

Prellen weitgehend verbieten: 3-Schritt-Regel einhalten

Variationen:
bei Spielerballung
Kombinationspunkte
ab der
Markierungslinie
im gegnerischen Feld

Abb. 55

Abb. 56

Empfehlung:

Die Schüler müssen selbstständig laut zählen.

"Zeitspiel" pfeifen, wenn die Zählweise nicht deutlich zu hören ist.

Abb. 57

Passives Spiel
("Zeitspiel")

4.6   Sektorenspiele

Auf dem Weg zum Spiel 6:6 fördern die Sektorenspiele gezielt das technisch-taktische Spiel-verhalten.
Die Breite des Sektors und die Anzahl der Spieler bewirken den Schwierigkeitsgrad der Spiel-aufgabe.

**Die Breite des Sektors und die Anzahl der Spieler müssen
dem Könnensstand angepaßt werden.**

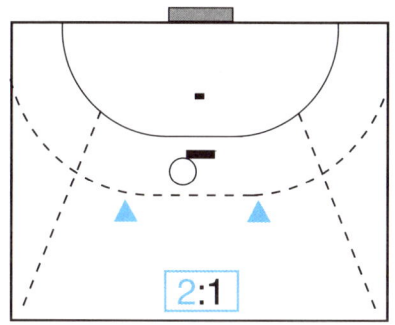

Abb. 58

Überzahlsituation:
Die Verringerung der Spielerzahl bei gleich-bleibendem Spielfeld bzw. eine Vergröße-rung des Feldes bei gleichbleibender Spielerzahl stellt eine Erleichterung dar.

Überzahlspiele haben sich methodisch be-sonders bewährt.

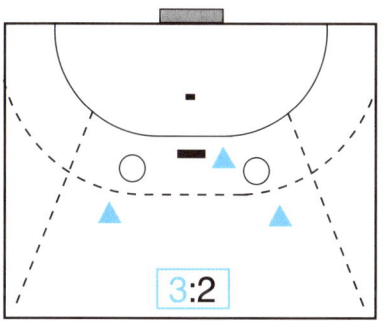

Abb. 59

Situationsgerechtes Verhalten soll geschult werden:

im Angriff
Freilaufen, Raumaufteilung, Durchbruch, Positionswechsel, Kreuzen, Sperren, An- und Abspiel.

in der Abwehr
Heraustreten, Zurückziehen, Übernehmen, Übergeben, Sichern, Aushelfen, Block beim Torwurf, Verstellen von Laufwegen, Arm- und Beinarbeit.

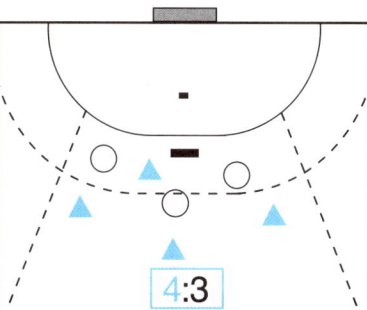

Abb. 60

| | **Sektor** | |
	je kleiner	je größer
Abwehr:	desto leichter	desto schwerer
Angriff:	desto schwerer	desto leichter

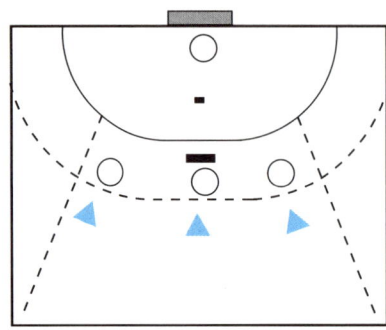

Abb. 61

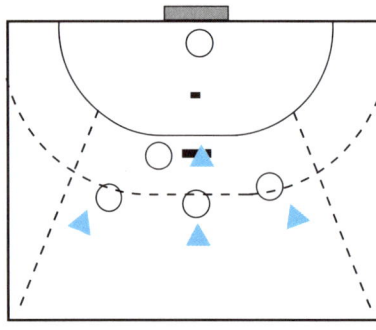

Abb. 62

Gleichzahlsituation:

praktische Empfehlungen:

– freies Spiel
– kein Prellen
– Kombinationspunkte (bei defensiver Abwehr):
  direkter Paß = 1 Punkt
  Bodenpaß = 2 Punkte
– Sektor verbreitern bei defensiver Abwehr
– bei technischem Fehler oder Fehlwurf wechselt der Ballbesitz zur gegnerischen Mannschaft (Wechsel-Angriff-Abwehr)
– Bälle, die vom Torwart abgewehrt werden, dürfen sofort wieder auf das Tor geworfen werden: "Ballbesitzer spielt"
– intensives Freilaufen und gutes Zusammenspiel
– das Zusammenspiel der ballbesitzenden Mannschaft darf vom Gegner nur mit fairen Mitteln gestört werden. Alle Angriffe dürfen nur gegen den Ball gerichtet sein, nicht gegen den Körper.

Worauf ist zu achten?

mannschaftsdienliches Zusammenspiel - FAIR PLAY

– Passen und "Freilaufen ohne Ball"

– Prellen vermeiden

– Torwurf in aussichtsreicher Position

– Mitspieler in Wurfposition bringen

– offensives Heraustreten zum Ballhalter (Rufen: "Ich")
– Defensives Zurückfallen lassen und Sichern
– Bereitschaftsstellung

– Übergeben und Übernehmen ("Zurufen")

Vom Sektorenspiel zum Sportpiel 6:6

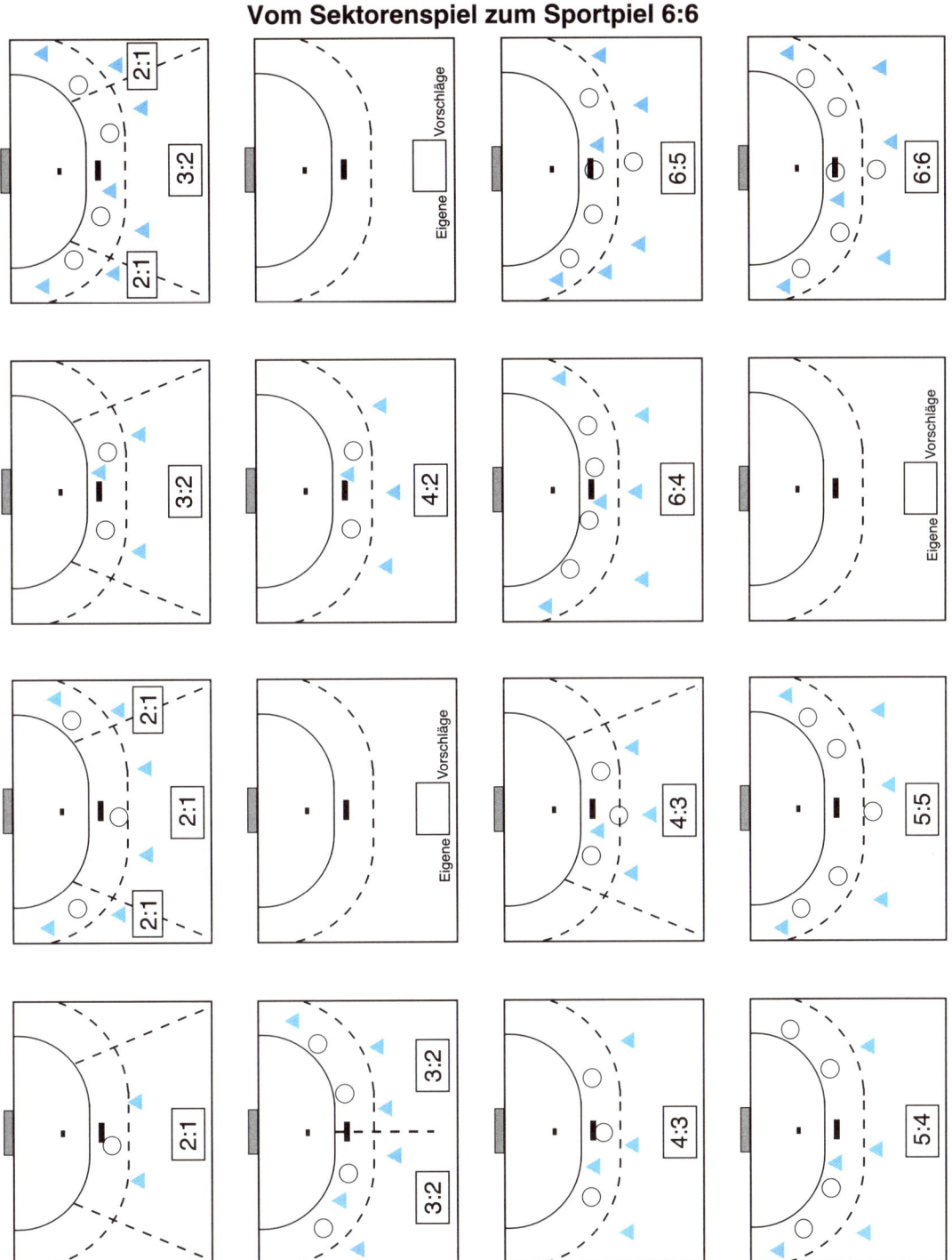

4.7.   Sportspiel Hallenhandball

Beim Handballspielen 6:6 ist im Schulsport auf regelgerechtes Spielverhalten zu achten.

Im Bereich der **Mannschaftstaktik** empfiehlt die Spielschule, in allen Altersstufen das freie Spiel zu bevorzugen. Es sollte nicht die Aufgabe des Handballspielens in der Schule sein, verschiedene Angriffs- und Abwehrsysteme oder gar Spielzüge anzustreben.
Aus dem Grundprinzip Passen, Freilaufen und Anbieten, "Spiel ohne Ball", ist die offensive Angriffs- und Abwehrweise dringend zu empfehlen.
Die Schüler sollten im freien Spiel Spielerfahrungen auf mehreren Positionen machen. Daher ist es sinnvoll, im Schulsport die Schulung zu beschränken auf:

3:3 Angriffssystem   **und**   **3:3 Abwehrsystem**

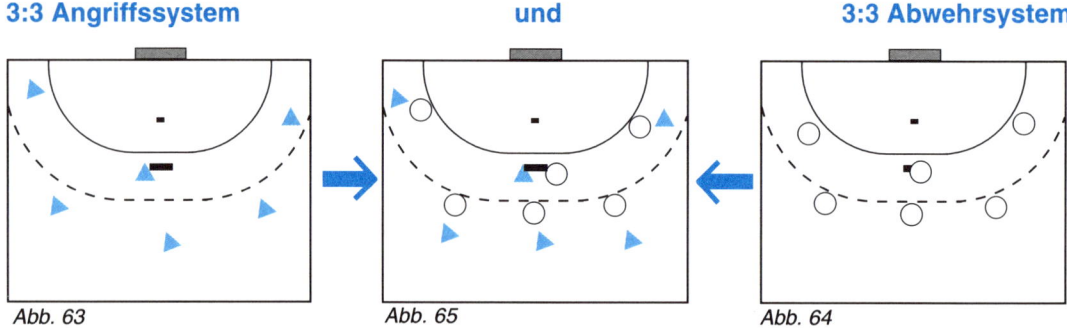

Abb. 63   Abb. 65   Abb. 64

Arbeitsweisen

im Angriff

– Positionswechsel
– Erfahrungen auf mehreren Positionen
– Kreuzen, Positionswechsel in zeitlicher und räumlicher Abstimmung
– Durchbruch
– Stoßen auf Lücke
– Passen, Freilaufen und Anbieten
– Spiel ohne Ball
– Zusammenspiel Rückraum und Kreis-spieler (Sperre mit Absetzen). (Abb. 66)

Abb. 66

in der Abwehr

– Verschieben zur Ballseite und Sichern
– offensives Heraustreten auf der Ballseite

Abb. 67

– Defensives Zurückfallen und Sichern auf der ballabgewandten Seite
– Übergeben - Übernehmen
– Blockieren der Laufwege (Abb. 67)

Praktische Erfahrungen:

In der ersten Phase des freien Spiels sollte das Angriffsverhalten der Spieler im Vordergrund stehen . Die Schüler sind im allgemeinen für das Angriffsverhalten motivierter.
Durch die natürliche Wettkampfsituation des Spiels wächst die Bedeutung des Abwehrverhaltens automatisch. Um angreifen zu können, muß abgewehrt werden und umgekehrt.

Defensives Abwehrverhalten lähmt die Spielfähigkeit.
Das freie Spiel ist dem gebundenen Spiel oder gar den Spielzügen vorzuziehen

Mit sonstigen Angriffs- und Abwehrsystemen sind Schüler im Schulsport sicherlich überfordert. Schülergemäße Variabilität im Spiel und Spielübersicht sind wichtiger als "Systeme". Im freien Spiel angewandte Technik bei mannschaftsdienlichem Verhalten wird der natürlichen Spielfreude der Schüler gerecht und fördert bei zeitlich angemessener Spieldauer die spielspezifische Kondition.

Regelgerechtes Spiel ist von Anfang an wichtig.
Das Foulspiel muß mit der nötigen Konsequenz gepfiffen werden. Der Schiedsrichter muß auch frühzeitig bei gesteigertem Wetteifer "das Spiel in die Hand nehmen", damit die Emotionen nicht überhandnehmen und in Foulspiel ausarten.

Wichtig ist bei der Umsetzung des Spiels, daß

– die Schüler auf unterschiedlichen Positionen spielen lernen;
– den Schülern verdeutlicht wird, welche Aufgabe und Wichtigkeit der Einzelne innerhalb der Mannschaft hat;
– nur durch mannschaftsdienliches Zusammenspielen der Schüler der Spielerfolg möglich ist.

Damit das taktische Zusammenspiel sich entwickeln kann, sollten die Mannschaften über einen längeren Zeitraum zusammenspielen.

5   Unterrichtspraktische Hinweise

5.1   Praxisprobleme und Lösungsmöglichkeiten

Was mache ich, wenn ...

Empfehlungen:

Schüler Angst vor dem Ball haben

– angemessene Bälle verwenden

Bei Schülern kann eine Abneigung gegen zu harte Bälle bestehen.
Zu empfehlen sind Softbälle mit Elefantenhaut.
Die Sprungeigenschaften entsprechen weitgehend denen der Wettspielbälle.
Die Ballgröße muß der körperlichen Entwicklung entsprechen.
Der DHB schreibt für den Schüler- und Jugendbereich die folgenden Ballgrößen vor:

6-8	Jahre	Minihandball
8-11	Jahre	52 cm Umfang
12-15	Jahre	54- 56 cm Umfang

Die angegebenen Ballgrößen sind für den Schulsport ausreichend.

– leistungshomogene Gruppen bilden,
– indirekte Pässe höher bewerten (der aufsteigende Ball kann leichter und sicherer aufgenommen werden und kann mit dem Körper besser geschützt werden).

nicht genügend Bälle vorhanden sind

Es kann mit allen Bällen gespielt werden. In der "Spielschule" spielen mehrere Schüler mit einem Ball, deswegen sind "zu wenig" Bälle nicht schlimm. "Jeder Schüler einen Ball" ist allenfalls in der Aufwärmphase zur Ballgewöhnung und Technikvariation erforderlich (vgl. 6.1).

Was mache ich, wenn ...

Empfehlungen:

**Probleme
mit
dem
Regelwerk
bestehen**

– Vereinfachte Regeln einführen (vgl. Anhang). Die Schüler bei der Regelentwicklung beteiligen. Schüler (Vereins-
spieler) können Schiedsrichterfunktion
übernehmen. Schrittweise Annäherung
an die Handballregeln.

**Jeder kann beobachten, wo unlauteres oder unfaires Verhalten im Spiel ist.
Das ist für die Schiedsrichterleistung entscheidend.
FAIR PLAY steht im Vordergrund. Angstfreie und körperkontaktarme Spiel-
situationen müssen geschaffen werden.**

**unterschiedliche
Vorkenntnisse
im taktischen
Bereich
vorliegen**

Taktik-Unterricht ist unbedeutend. Technisch-
taktische Elemente sollten im Unterricht nicht
voneinander getrennt werden. Die aufgezeigten Kombinationen der "Variablen der Spielorganisation" erzwingen das gewünschte
Schülerverhalten spielerisch und machen
"Taktik-Unterricht" überflüssig.
Ein klärendes Gespräch mit den Schülern,
welchen Sinn eine gemeinsam festgelegte
Regel hat, ist wichtiger.
Für den Wettkampfbereich empfiehlt sich:
(minitaktik SL-DBGM,Thieme)
(Mastertrainer - Sporttafeln)

**übertriebener
Eigenwille
von
bestimmten
Schülern
vorherrscht**

Prellen verbieten.
Prellen verführt zum Einzelspiel und schließt
viele Mitspieler aus. Die Schüler werden da-
durch aggressiver und versuchen sich durch
Foul und regelwidrigen Körpereinsatz einen
Vorteil zu verschaffen.
Laufen mit dem Ball verbieten.
Kombinationspässe führen zu mannschafts-
dienlichem Verhalten.

41

Was mache ich, wenn ...

Empfehlungen:

die Schulklasse zahlenmäßig zu groß ist

– Bildung von kleineren Spielgruppen in überschaubaren Spielfeldern, ggf. unterrichten nach dem Intervallprinzip: Angemessener Wechsel von Belastung und Pause ist wegen der Intensität ohnehin notwendig.

– Nach einer Gewöhnungsphase auf 2 oder gar 3 Feldern spielen. Es können mehr Spieler teilnehmen und die Schüler sind intensiver zum Zusammenspiel gezwungen.

die Sporthalle zu klein ist

Eine große Sporthalle (normiertes Feld) ist für Schüler oft eine Überforderung und daher nicht wünschenswert. Die Mannschaften sollten angemessen klein (3:3, 4:4) sein.

keine Tore vorhanden sind

Genormte Tore sind für die Schulung bzw. für jüngere Schüler nicht notwendig. "Torersatz" entsprechend der Körpergröße und den Wurffähigkeiten ist als Wurfziel oft besser. Als Torersatz (Abb. 68) kann man verwenden: Weichbodenmatte, Pferd, Stangen, Kasten, Markierungen mit Klebeband an der Wand...

Kreisersatz: Klebeband
Linienersatz: Hütchen, Fahnenstangen

Abb. 68

Was mache ich, wenn ...	Empfehlungen:
Jungen und Mädchen zusammenspielen	Geschlechtsspezifische Probleme gar nicht aufkommen lassen, denn viele Mädchen sind besser als Jungs und umgekehrt.
"die Mädchen sich nicht bewegen" (mangelndes Spielverständnis) und/oder den Ball hektisch wegwerfen	Kombinationspässe hoch bewerten, direkte und indirekte Pässe unterschiedlich gewichten, ggf. kleinere überschaubare Spielgruppen bilden, damit sie "mitspielen müssen".
Schüler das Spiel durch destruktives Verhalten stören	Die Schüler sind dann meistens überfordert oder unterfordert. Durch aufgezeigte Regelveränderungen erleichtern oder erschweren. (Vgl. Praxisteil)
die Raumaufteilung nicht klappt	Spielerzahl verringern, öfter auswechseln oder gar mannschaftsweise auswechseln.
die Spieler sich knäueln um **- den Ball** **- den Kreis** **- die Matte**	Kombinationspunkte einführen. Daraus ergibt sich ein wichtiger Nebeneffekt: die Schüler müssen offensiv abwehren. Offensive Spielweise in Angriff und Abwehr ist methodisch wichtig zur Schulung der Spielfähigkeit. Überzahlprinzip sorgt für Erleichterung. Für die Spieler entstehen somit überschaubare, und dadurch lösbare Spielsituationen. Je kleiner das Feld bei gleicher Spielerzahl, desto schwieriger ist das Spiel.

Was mache ich, wenn ...

Empfehlungen:

keine Linien oder Wurfkreise vorhanden sind

Länge und Breite des Spielfeldes beliebig

– Spielfeldmarkierungen mit farbigem Klebeband kennzeichnen (kann längere Zeit verwendet werden);
– Gummimarkierungen verwenden (z.B.: reivo-Bodenmarkierungen, Sport-Thieme).

Vorschläge

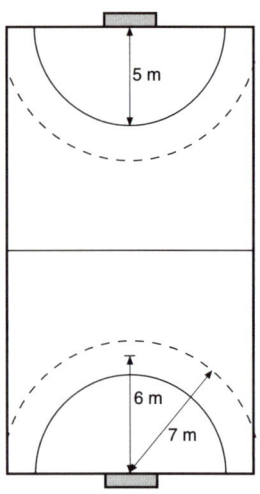

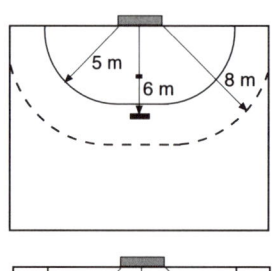

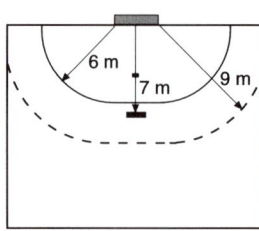

Abb. 69

keine farbige Markierungshemden vorhanden sind

– im fächerübergreifenden Unterricht (z.B.: Hauswirtschaft, textiles Werken) von den Schülern anfertigen lassen;
– pro touch, Intersport Deutschland.

die Schiedsrichterpfeife aus hygienischen Gründen nicht von mehreren in der Stunde verwendet werden kann

– moderne Fahrradklingel, Hupe... verwenden.

Was mache ich, wenn ...

Empfehlungen:

**die
Tore zu
groß sind**

Genormte Tore und der 6m Kreis sind für Schüler oft eine Überforderung, deshalb

– "Tor-Markise" verwenden (Abb. 70), im Werkunterricht anfertigen lassen oder zu beziehen von:
Spielschule Handball
Kürzeller Straße 33,
77963 Schwanau
Tel.07824/3671

– altersgerechte Tore

weitere Hilfsmittel, um das Tor zu verkleinern:

– fest verschraubte Querlatte
– Zauberschnur
– Gummiband
– Hochsprungleine (Sport-Thieme, Grasleben)

Abb. 70

**große
Leistungsunterschiede
bestehen**

Differenzierung, Bildung von kleineren und leistungshomogenen Gruppen. Die Körpergröße als Differenzierungskriterium hat sich mit großer Akzeptanz bei den Schülern bewährt.

– Zeit und Erfahrungsfreiräume geben;
– ggf. längere Zeit bei einer Spielaufgabe bleiben;
– ggf. so differenzieren, daß auf jedem Spielfeld mit unterschiedlicher Spielaufgabe gespielt werden kann.

Was mache ich wenn, ...   **Empfehlungen:**

**die Schüler unendlich
oft nach dem
Spielstand fragen**

– Schüler zum selbständigen Zählen anhalten;
– Anzeigetafel verwenden (reivo);
– Anzeigetafel mit den Schülern im Werkunterricht oder bei Projekttagen herstellen.

**Schüler ständig
die Mannschaften
wechseln wollen**

Schüler wollen zu der Siegermannschaft gehören. Sieg und Niederlage gemeinsam erleben ist ein wichtiges Erziehungsziel. Wenn
möglich sollten die Mannschaften über einen
längeren Zeitraum zusammen bleiben.

Zusammenfassung

Alle Spielformen sollen durch die Spielgestaltung, vor allem durch Regeländerungen,
ermöglichen, daß

– Schüler unterschiedlicher Körpergröße und
  Leistungsfähigkeit gleichberechtigt am
  Spiel teilnehmen;
– wettkampf- und mannschaftorientiert gespielt werden kann;
– die Spielsituationen leichter zu erfassen
  und damit lösbar sind;
– Spielerballungen vermieden werden
– körperkontaktarm gespielt wird;
– mannschaftliches Zusammenspiel und
  Torwurf "gespielt" werden.

5.2   Mannschaftsbildung

In jeder Spielstunde werden in der Regel für das Spiel (neue) Mannschaften gebildet. Warum eigentlich?

Mannschaften bilden, gemäß dem Ritual "Wer wählt?", ist nach wie vor die gebräuchlichste Form der Gruppenbildung. Es liegt auf der Hand, daß die (beiden) Besten wählen und die Mitschüler in der Reihenfolge ihrer Leistungsfähigkeit aufgerufen und zugewählt werden.

Welcher Schüler freut sich schon darüber, als letzter gewählt zu werden? Diesen Schülern wird immer wieder neu und unmißverständlich mitgeteilt, daß sie die "Flaschen" in der Klasse und eigentlich gar nicht erwünscht sind.

Um Mannschaften oder Gruppen zu bilden, sollte der Lehrer aus pädagogischen Gründen nicht wählen lassen. Wenn möglich, sollten die Mannschaften über eine angemesse Zeitspanne unverändert bleiben (auch in anderen Sportarten).

Die Schüler lernen, Sieg und Niederlage gemeinsam zu bewältigen. Nebenbei bleibt der Zeitaufwand der Mannschaftsbildung erspart.

Das entbindet den Lehrer nicht von der Pflicht, bei Ungleichheit der Parteien die Mannschaften ausgeglichen (um)zugestalten. Diese Maßnahme sollte den Schülern transparent gemacht werden.

Die folgenden Beispiele haben ihre Vor- und Nachteile. Die Leistungsunterschiede bei den Schülern können damit nicht beseitigt werden. Die leidigen Diskussionen "wer mit wem und in welcher Reihenfolge" wären damit weitgehend gelöst.

Empfehlungen

–   Der Lehrer bildet die Mannschaften: nach Alter, Körpergröße, Stadtteilen, Ortsteilen, Unterdorf gegen Oberdorf...

–   Nummernspiele im Aufwärmteil der Stunde haben sich bewährt.

–   Die Mannschaften oder Gruppierungen über eine Unterrichtseinheit oder sogar über einen längeren Zeitraum bestehen lassen, macht zeitraubendes und unpädagogisches Wählenlassen überflüssig und setzt positive, gruppendynamische Prozesse in Gang. Die Schüler lernen gemeinsam, Sieg und Niederlage zu ertragen und entwickeln ein intensives Gruppengefühl.

Im Rahmen der praktischen Erprobung der Spielschule wurden über einen längeren Zeitraum in unterschiedlichen Klassen die Mannschaften nach folgenden Gesichtspunkten gebildet:

zum einen
            – zwei gleichwertige spielstarke und
            – zwei gleichwertige spielschwächere
               Mannschaften

zum anderen
            – vier gleichwertige Mannschaften.

Bei beiden Gesichtspunkten waren deutlich Vor- und Nachteile zu beobachten.
Auf nähere Einzelheiten soll hier nicht eingegangen werden (vgl. Emrich, unveröffentlichtes Manuskript aus der Referendarausbildung des Staatl. Seminars für Berufliche Schulen, Freiburg).

Die Spielschule empfiehlt, aufgrund der Beobachtungen, die Mannschaften nach pädagogischen Gesichtspunkten zusammenzustellen und gleichstarke Mannschaften gegeneinander spielen zu lassen.

Die Differenzierung sollte so durchgeführt werden, daß sich sowohl die Einzelleistung als auch das mannschaftliche Zusammenspiel verbessern.

Die Spielhandlungen verteilen sich auf alle Schüler und beziehen die fang- und wurfschwächeren Schüler besser ein. Die Häufigkeit ihrer Ballkontakte verbessert ihre technischen Fertigkeiten, stärkt das Selbstwertgefühl und die Freude am Spiel.

Weitere Beispiele

Beispiel 1

Die Schüler zählen ab: 1-2-3,1-2-3 ..., wenn drei Mannschaften gebildet werden sollen. Jeder merkt sich seine Zahl.

Beispiel 2

Die Schüler bilden Gruppen nach Geburtsmonaten (ggf. zahlenmäßig korrigieren).

Beispiel 3

Die Schüler bilden Gruppen nach dem ABC gemäß den Anfangsbuchstaben des Vornamens.

Beispiel 4

Die Schüler bilden Gruppen der Körpergröße entsprechend (nicht groß gegen klein, sondern Große gegen Große und Kleine gegen Kleine).

Beispiel 5

Die Schüler bilden Gruppen nach geografischen Gesichtspunkten: Unterdorf gegen Oberdorf, Stadtkern gegen Umland,..

Die Mannschaften müssen sich farblich unterscheiden

Abb. 71

5.3   Spielleitung

Alle, die Schiedsrichter sein sollen, haben eine große Abneigung gegen diese undankbare Aufgabe. Selten meldet sich ein Schüler freiwillig.

Auch hier ist die Vorbildfunktion des Lehrers gefordert.

In eindeutigen Situationen zu entscheiden ist relativ einfach. Diese klaren Entscheidungen machen die Schiedsrichteraufgabe aber weder schwer noch unangenehm.

Schwierig wird die Sache dann, wenn Regelkenntnis, Regelverständnis, Durchsetzungsvermögen und Unparteilichkeit gefordert sind.

Worauf sollte sich der Schiedsrichter im Schulsport konzentrieren?

Im Sportunterricht muß die Rolle des Sportlehrers als Schiedsrichter auch in den pädagogischen Zusammenhang gebracht werden.

Der Schiedsrichter ist hier Spielleiter und Spiellenker.
Im Schulsport hat er das handballspezifische Regelwerk und besonders Fairneß zu vermitteln.

Es ist zu wenig und obendrein pädagogisch falsch, die Rolle des Schiedsrichters aus dem Verbands- und Vereinssport auf den Schulsport zu übertragen.

Im Schulsport, vor allem in der dargestellten Spielschule, hat der Schiedsrichter im wesentlichen zwei Aufgabenschwerpunkte:

Schiedsrichter:
Er entscheidet über fair und unfair, Recht und Unrecht, Einhaltung der Regeln...

Spielleiter:
Er kombiniert innerhalb der "Spielschule" gemeinsam mit den Schülern die Variablen der Spielorganisation (Spielfeld, Spielball, Spielerzahl, Spielregeln). Die Variablen werden situationsangepaßt immer wieder neu festgelegt. Schiedsrichter können sowohl Lehrer als auch Schüler sein.

Schüler sollten angemessen in die Mitverantwortung als Schiedsrichter einbezogen werden. Oft verfügen Schüler über große Regelsicherheit. Das sollte genutzt werden. Da ein Schüler oft als Schiedsrichter nicht die gleiche Autorität wie der Lehrer besitzt, steigt die Anzahl der Regelverstöße erfahrungsgemäß an.

Das vom **Lehrer** geleitete Spiel weist weniger Regelverstöße auf. Die Schüler spielen regelgerechter und disziplinierter. Allerdings testen sie die Konsequenz und Regelsicherheit des Lehrers: was der Schiri nicht sieht oder zumindest nicht beanstandet, nutzen sie aus.
Das heißt aber nicht, daß Regelverstöße, die der Lehrer nicht pfeift, keine sind. Konsequenz und Unparteilichkeit sind gefordert.

Diskussionen mit dem Schüler-Schiedsrichter sind verboten! Spielsituationen diskutieren sollte nur der Lehrer. In der Grundschule kommt der Schüler als Schiedsrichter altersgemäß kaum in Frage: in allen weiterführenden Schulen sollten Schüler angemessen an diese Aufgaben herangeführt werden.

Auf jeden Fall muß für alle klar sein:

1. die Spielregeln für das heute gültige Spiel

2. der Sinn der Regeln für das jeweilige Spiel

FAIR PLAY und körperloses Spiel, kein Prellen, kein Stoßen, Schlagen, Klammern, Festhalten sowie kein Laufen mit dem Ball, stehen im Vordergrund.
Um ein solches Spiel leiten zu können, braucht der Lehrer kein lizenzierter Schiedsrichter zu sein.

Er muß aber ein guter Pädagoge sein!

- Regeln dem Könnensstand der Schüler anpassen;
- alle Schüler müssen eingesetzt werden.

Folgende Reihenfolge ist zu empfehlen:

- **Regelvorgabe**

- **Spielbeginn**

- **Gesprächsphase:**

Mögliche Regeländerungen oder Regelerweiterungen unter den Prämissen:

- alle Schüler müssen gleichberechtigt teilnehmen können;
- körperkontaktarm spielen;
- leistungs- bzw. wettspielorientiert spielen;
- Spielerballungen verhindern;
- Prellen verbieten! Prellen fördert das Einzelspiel und schließt viele Schüler aus.

Spielen heißt: mitspielen lassen.

- **Spielfortsetzung**

Im Anhang sind Basis-Regeln sowie die üblichen Schiedsrichterzeichen aufgeführt.

5.4   Leistungsbeurteilung

Spielnoten zu **verteilen,** ist gar nicht so einfach. Oft fällt dem Pädagogen die Notenermittlung leichter als die Notentransparenz, nämlich die betroffenen Schüler mit einer plausiblen Rechtfertigung zu überzeugen. Grundsätze einer sachgemäßen und praktikablen Leistungsermittlung und Leistungsbeurteilung gibt es kaum. Bei wert- und meßbaren Leistungen ist das natürlich viel einfacher.

Abb. 72

Innerhalb einer Klasse die relative Rangfolge festzustellen und diese dann in eine übergeordnete Bewertungsskala einzuordnen, wird der pädagogischen Bewertung der Spielfähigkeit nicht ganz gerecht.

Die Spielschule betont von Anfang an das Zusammenspielen und das mannschaftsdienliche Verhalten. So wie die Leistungspyramide der Spielfähigkeit aufgebaut ist und die Spielformen ineinander übergehen, muß in aller Konsequenz auch eine transparente Spielbewertung beschaffen sein. Beispielsweise können Würfe an die Wand, Sprungwürfe über Langbänke oder einen Slalomparcour auf Zeit prellend zu bewältigen nur eine Verlegenheit in der Bewertung sein.

Im Mannschaftsspiel Handball geht es vorrangig um den Erfolg der Mannschaft, bei der Bewertung aber geht es um die Leistung des Einzelnen. Die Bedeutung eines Spielers innerhalb der Mannschaft wird gemessen an der Effektivität, die er in den Mannschaftserfolg einbringt. Der Schüler muß also "mannschaftsdienlich" **und** "notenwirksam" spielen.

Es ist daher unerläßlich, den Schülern eindeutige Beobachtungskriterien transparent zu machen, anhand derer die Schüler die Note nachvollziehen, ja sogar selbst eine solche Beurteilung in einem offenen Bewertungsgespräch treffen können. Damit lernen die Schüler Entscheidungssituationen zu bewältigen. Der Entscheidungswille, die Urteilsfähigkeit und die Kritikfähigkeit werden gefordert und gefördert.

Die Schüler entwickeln die Fähigkeit zur Selbstkritik, Selbstbewertung und Fremdbewertung durch Beobachten, Analysieren und Bewerten.

Nach offenen gemeinsamen Besprechungen verinnerlichen die Schüler die Ergebnisse und lassen durch beobachtbare Veränderungen im Spielverhalten auf durchlebte Lernprozesse schließen.

Bei den folgenden Boebachtungskriterien müssen berücksichtigt werden:

– Stärke der (des) Gegenspieler(s)
– Stärke der Mitspieler
– ...

Die nachfolgenden Vorschläge sollen eine Leitlinie bei der Spielbewertung darstellen. Zentraler Ausgangspunkt ist die von der Spielschule dargestellte Bedeutung des Spielens.

Deswegen soll die spezifische Spielfähigkeit grundsätzlich im Spiel und/oder in spielnahen Situationen nachgewiesen werden.

Zusatzaufgaben sind nur gerechtfertigt, wenn eine Beurteilung aus der Spielbewertung und der Bewertung der spielnahen Situationen noch vervollständigt werden muß. Das sollte allerdings nur in den seltensten Fällen erforderlich sein.

Bewertungsstufen: **1. Spielbewertung**

                                         2. Spielnahe Situationen

                                         3. Zusatzaufgaben

1. Spielbewertung

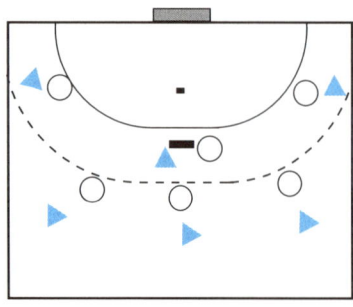

Abb. 73

Hinweis:

Bei der Durchführung des regelgerechten Spiels sind offensives Angriffs- und Abwehrverhalten wünschenswert. (z.B. Abwehrsystem 3:3)

Mögliche Beobachtungsschwerpunkte:

1. Mannschaftsdienliches Verhalten
2. Spielübersicht
3. Angewandte Technik im Spiel
4. Spielspezifische Kondition
5. Variabilität im Spiel

2. Spielnahe Situationen

	Spielsituation	**Mögliche Beobachtungsschwerpunkte**
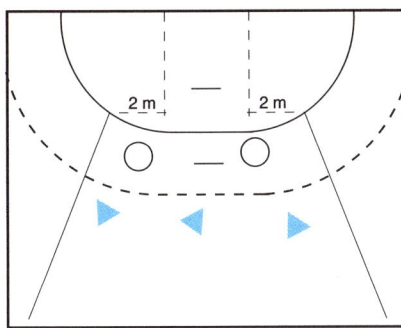

Abb. 74 | 3:2 auf 1 Tor | – Zuspiel
– Ballannahme
– Freilaufen
– Stellungsspiel in der Abwehr
– Ballführung
– Lösen mit und ohne Ball
– Fintieren
– Durchbruch
– Torwurf
– Stören der Ballannahme und -abgabe
– Herausspielen des Balles
– Wurfabwehr |
|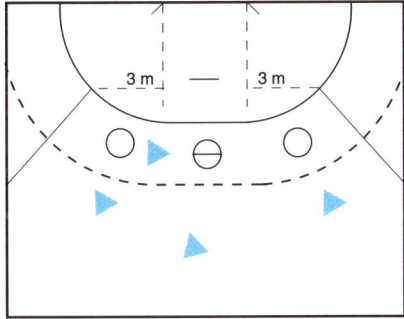

Abb. 75 | 4:3 auf 1 Tor | |
|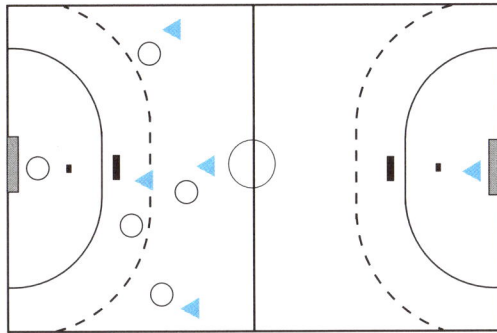

Abb. 76 | 4:4 auf 2 Tore | – Nutzen von Durchbruchchancen
– Nutzen von Torwurfchancen
– Nutzen der Überzahlsituation

– Torwartverhalten
– Zusammenspiel in Angriff und Abwehr |

Es empfiehlt sich die Durchführung von Sektorenspielen. Die Größe des Sektors und die Anzahl der Spieler entscheiden über die Schwierigkeit der Spielaufgabe.

Durch die ausführliche Beschreibung der Beurteilungskriterien soll deutlich werden, daß übergeordnete Erziehungsziele wie Fleiß, Leistungswille, Anstrengungsbereitschaft und soziales Verhalten beobachtbar und bewertbar sind.

Die Spielnote sollte natürlich nicht in einer bestimmten Stunde als punktuelle Tagesform ermittelt werden, sondern sich als "Langzeitbeobachtung" ergeben.

3. Zusatzaufgaben

1. Torwurfübungen

Der Schüler zeigt bei zügiger Ausführung 5 Würfe von verschiedenen Positionen. Die Positionen sind frei wählbar (Rückraum -Außen- Kreis), z. B. als Schlag-, Sprung-, Fallwurf...

Der Prüfling kann auch die Postion am Kreis frei wählen. Ebenso die Stellung zum Tor (frontal oder mit dem Rücken zum Tor). Alle Würfe können mit passivem Gegenspieler ausgeführt werden.

Beurteilungskriterien:
– Bewegungsqualität (Form der Ausführung, Exaktheit, Dynamik)
– Effektivität (Wurfgenauigkeit und Schärfe)
– Variabilität
– Schwierigkeitsgrad des Wurfes

2. Abwehrverhalten

a. Der Prüfling steht am eigenen Wurfkreis und versucht, die nacheinander aus den verschiedenen Rückraumpositionen angesetzten Weitwürfe abzublocken.
Bewertungskriterien:
Wurfarmseite abdecken, Arme/Hände gehen zum Ball, Abwehrerfolg. (Abb. 74)

Abb. 77

b. Der Prüfling nimmt an der Mittellinie einen dribbelnden Gegenspieler in "Manndeckung" und versucht, dessen Torwurf zu verhindern. (Abb. 78)

Abb. 78

Bewertungskriterien:
Abdrängen des Gegners zur Nichtwurfarmseite, regelgerechter Körpereinsatz, richtiges Annehmen des Gegenspielers, regelgerechtes Ballherausspielen... (Abb. 79)

Abb. 79

Kriterien zur Bewertung der Spielleistung

Name	Mannschafts-dienliches Verhalten	Spiel-übersicht	Technik im Spiel	Spiel-spezifische Kondition	Variabilität im Spiel	Spielnahe Situationen	Zusatz-aufgaben	Summe	Punkte Note

Erläuterungen zu
"Kriterien zur Bewertung der Spielleistung"

Mannschafts-dienliches Verhalten	Spiel-übersicht	Technik im Spiel	Spiel-spezifische Kondition	Variabilität im Spiel	Spielnahe Situationen
Kooperations-fähigkeit in Angriff und Abwehr	Erkennen von Torwurf-möglichkeiten	Regelgerechtes Spielverhalten, Zuspiel, Ballannahme, Stellung in der Abwehr	Azyklische Ausdauer	Übernahme verschiedener Rollen in Angriff und Abwehr	
übertriebener Eigenwille	Anspiel-möglichkeiten	Arm- und Bein-arbeit	Kraft	Torwart-verhalten:	
Umschalten von Angriff auf Abwehr	Spiel-antizipation, Spielaufbau, Spielwitz, Anspiel-bereitschaft	Ballführung, Fintieren mit und ohne Ball	Schnelligkeit	- Mut - Reaktion - Stellungsspiel	
diszipliniertes Spielverhalten		Torwürfe Wurfabwehr	kämpferische Einsatzbereit-schaft		
Einordnungs-bereitschaft					

5.5   Empfehlungen zum Stoffverteilungsplan

Die Spielschule Handball hat in allen Altersstufen und Schularten einen angemessenen zeitlichen Umfang im Stoffverteilungsplan verdient.

Sofern es die inhaltlichen und organisatorischen Gesichtspunkte erlauben, ist es sinnvoll, eine Spielstunde nicht als Doppelstunde zu gestalten.

Eine vorausgehende Stunde mit einer anderen Disziplin (z.B.: eine Individualsportart) erhöht die Variabilität der Unterrichtsgestaltung und verlängert den Zeitraum des Spielunterrichts. Daher sind Einzelstunden, verteilt über 10 Wochen effektiver, als 5 Wochen jeweils eine Doppelstunde.

Für die physische und psychische Beanspruchung der Schüler ist ebenso die Einzelstunde der Doppelstunde vorzuziehen.

Erfahrungsgemäß bringt die kollegiale Abstimmung in der Fachkonferenz Sport die größte Transparenz.

Durch die Zusammenarbeit bei der Planung und Vorbereitung des Sportunterrichts können unter anderem folgende Aspekte berücksichtigt und gemeinsam abgestimmt werden:

- die Auswahl und Reihenfolge der Sportarten

- die Übertragbarkeit der Spielaufgaben der Spielschule Handball auf andere Sportarten

- die Berücksichtigung örtlicher Sporttraditionen

- die Terminierung sportlicher Höhepunkte im Schuljahr (vgl. außerunterrichtliche Veranstaltungen)

- die Mitwirkung von Schülern an der Planung und Durchführung von unterrichtlichen und außerunterrichtlichen Veranstaltungen

- die Verzahnung von Schul-, Vereins- und Breitensport

6   Unterrichtspraktische Beispiele
6.1   Aufwärmspiele - Technikvariation

Ballgewöhnung - Koordinationsschulung - Technikvariation mit Ball

Die folgenden Beispiele sollen Anregungen zur Ballgewöhnung, Koordinationsschulung und Technikvariation sein. Sie können als Bausteine für eine Unterrichtsstunde beliebig ausgewählt und zusammengestellt werden. Es ist wünschenswert, bereits den Aufwärmteil mit Ball zu gestalten. Die inhaltlichen Schwerpunkte der Übungen und deren Variationen sind den Illustrationen zu entnehmen.

Wir variieren: hohes Prellen, tiefes Prellen.. linke Hand, rechte Hand (Abb. 80)

Fortbewegung:
      Laufen, Laufen vw/rw, Hopserlauf, side-step

Abb. 80

Wir versuchen, uns den Ball abzujagen: "Achtung, der Ballhai kommt". (Abb. 81)

Abb. 81

Abb. 82

Tiefes Prellen, schnelles Prellen, Prellen in der Bewegung (Abb. 82).
(Bereitschaftsstellung und Schützen des Balles beachten)

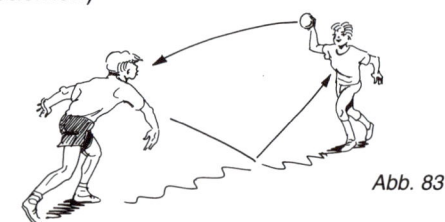

Abb. 83

Wir variieren: direktes und indirektes Abspiel in der Bewegung (Abb. 83).

Wir variieren mit dem Ball (Abb. 84)

Abb. 84

Spiel dem Partner den Ball als "Dreher" beidhändig zu (Abb. 85)

Abb. 85

Variiere (Abb. 86)

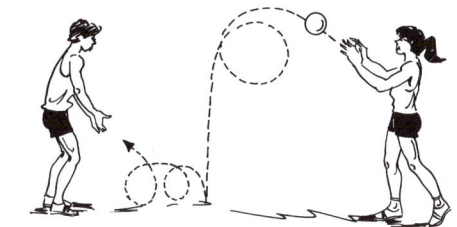

Abb. 86

Variiere einhändig (Abb. 87)

Abb. 87

Wir fangen und passen in der Bewegung:
enge Gasse, breite Gasse. (Abb. 88)

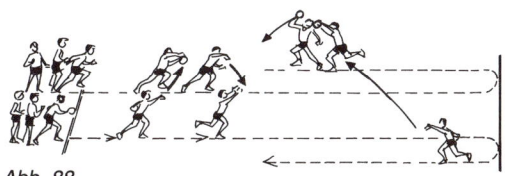

Abb. 88

Wir werfen in unterschiedlicher Höhe an die
Wand. Der Partner fängt den Ball direkt auf.
Variante: der Ball darf aufspringen;
Würfe direkt oder indirekt an die Wand.
(Abb. 89)

Abb. 89

Prellen in der Bewegung: Alle laufen und
prellen. Variante: Mit der freien Hand werden
Symbole oder Zahlen angezeigt;
prellen links, prellen rechts. (Abb. 90)

Abb. 90

Alle prellen, 1 Fänger: Wer abgeschlagen ist,
wird zum Fänger (variiere die Fortbewegung:
laufen, side-step...). (Abb. 91)

Abb. 91

Prellend abspielen in der Bewegung

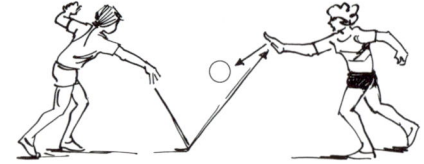

Abb. 92

Abschlagen prellend
Schattenprellen (als Variation). (Abb. 93)

Abb. 93

Abspiel Rückhand (Abb. 94)
Zusatz: Rückhand-Torwurf.

Abb. 94

Fangen und werfen,
Wir variieren in der Bewegung die Entfernung
zum Partner. (Abb. 95)

Abb. 95

Prellen im 6m- und 9m-Kreis: Jeder gegen
jeden. (Abb. 96)

Abb. 96

Wer den Ball verliert, verläßt den 6m-Raum
und prellt zwischen 6m-Kreis und 9m-Kreis
weiter. Auch hier Jeder gegen Jeden: Wer
gewinnt, darf in den 6m-Raum zurück.

Abb. 97

Wir spielen ab im Sprung. Variiere:
Sprung mit rechtem Bein
Sprung mit linkem Bein (Abb. 97)
Sprung beidbeinig

Wir spielen mit 2 Bällen gleichzeitig: Variiere:
nur indirekte, nur direkte Pässe, direkt und
indirekt, einhändig, beidhändig...

Abb. 98
Variiere:
Abspiel zeitgleich: 1 Partner mit dem Fuß,
                    1 Partner mit der Hand.

Wir springen über Linien, Langbänke, Hockey-
bande...
als Sprungwurfkarusell zur Rhythmusschu-
lung: links-rechts-links-links... (Abb. 99)

Kleinere Schüler benutzen den Innenkreis,
größere Schüler benutzen den Außenkreis.
Linkshänder rechts herum,
Rechtshänder links herum.

Abb. 99

Springe einbeinig über Linien in der Halle
(Sprungbein = Landebein).

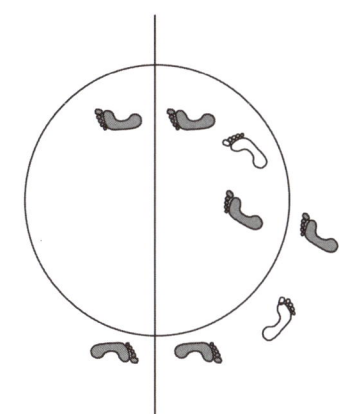

Abb. 100

Springe über eine Linie und "schlage mit der
Hand ein Loch in die Luft".
(Abb. 101)

Abb. 101

Luftballontreiben: treff den Luftballon
• im Stand,
• in der Bewegung,
• im Sprung (li, re, bb).

Abb. 102

Wirf die "Rakete" (Müllbeutel)
• im Stand,
• aus dem Lauf,
• aus dem Sprung
und fang sie wieder auf bevor sie zu Boden
fällt. (Abb. 103)

Abb. 103

6.2 Kräftigung und Dehnung

Allgemeines Programm Kräftigung

Muskulatur Übungsinhalt	Übungsausführung	
	einfach	mittel
Bauchmuskulatur		
Stützmuskulatur Schultergürtel		
Rückenmuskulatur		
Schultergürtel-Rücken-Becken-stabilisation		
Gesäßmuskulatur		
Beckenstabilisation		

Allgemeines Programm Kräftigung

Muskulatur Übungsinhalt	Übungsausführung	
	schwer	Dehnung
Bauchmuskulatur		
Stützmuskulatur Schultergürtel	Liegestützspringen	
Rückenmuskulatur		
Schultergürtel-Rücken-Becken-stabilisation		
Gesäßmuskulatur		
Beckenstabilisation		

Allgemeines Programm Kräftigung

Muskulatur Übungsinhalt	Übungsausführung	
	einfach	**mittel**
Schultergürtel- stabilisation	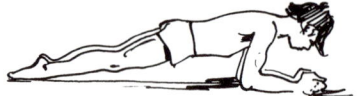	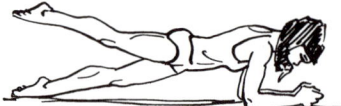
Gesäßmuskulatur		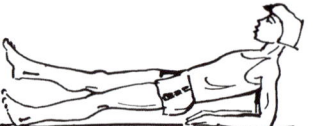
Beckenstabilisation		
Beinmuskulatur		
Beinvariation		
Sprungmuskulatur	 Eigenrhythmus	 max. schnell

Allgemeines Programm Kräftigung

Muskulatur Übungsinhalt	Übungsausführung	
	schwer	Dehnung
Schultergürtel-stabilisation		
Gesäßmuskulatur		
Beckenstabilisation		
Beinmuskulatur		
Beinvariation		
Sprungmuskulatur	max. hoch	

Torwartschulung

Wir kombinieren Torschußspiele mit der Torwartschulung

Abb. 104

Wir werfen in Wurfserien kurz hintereinander.

Wir werfen aus unterschiedlicher Entfernung.

Wir werfen von unterschiedlichen Positionen.

Wir werfen in verschiedene Torecken.
(Wurfhöhe und Wurfecken wechseln)

Wir werfen aus dem Lauf.

Wir werfen aus dem Sprung

- einbeinig links,
- einbeinig rechts,
- beidbeinig.

Torwartabwehr

Abb. 105

tiefe Bälle   halbhohe Bälle   hohe Bälle

Die Vertiefung der Torwartschulung ist nur in der Handball-AG, im Kurssystem bzw. bei der Kooperation Schule und Verein sinnvoll.
Auf Wurf- oder Treffballspiele mit unterschiedlichen Zielen wird bewußt verzichtet. Die aufgezeigten Spielformen sollten Vorrang haben vor Spiel- und Übungsformen wie Burgball, Sautreiben, Kreishetzball, Wanderball,...

6.3   Stundenbilder

Empfehlungen zur zeitlichen und inhaltlichen Gewichtung einer Spielstunde in grafischer Darstellung (Abb. 106):

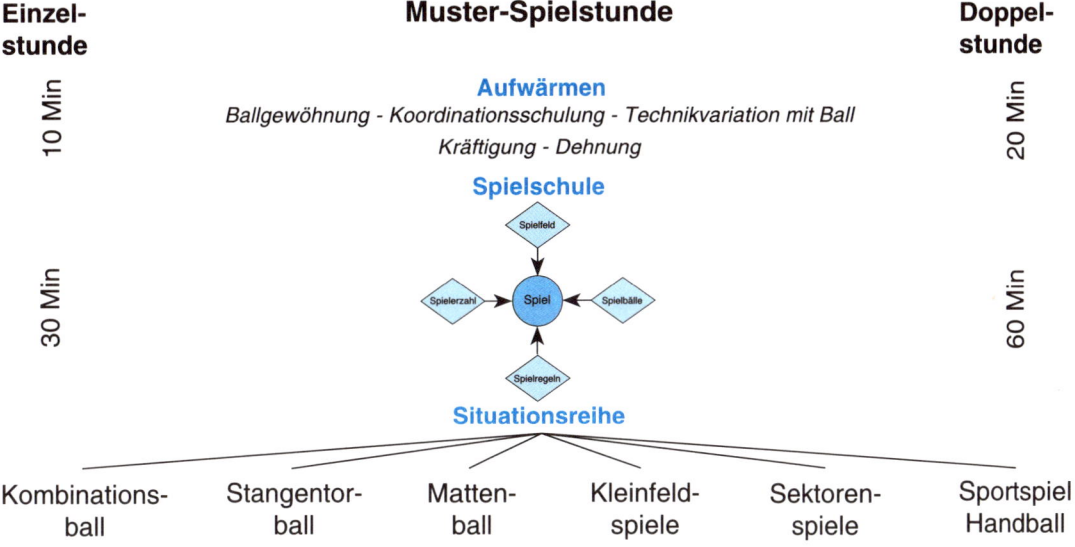

Abb. 106

Beispiele für den Stundenteil "Aufwärmen" sind:

- zur Ballgewöhnung Koordinationsschulung und Technikvariation mit Ball im Kapitel 6.1

- zur Kräftigung und Dehnung im Kapitel 6.2 dargestellt.

Die Beispiele können ganz nach Belieben zusammengestellt werden.

Im Hauptteil der Stunde selbst sollte nur gespielt werden.

Die Spielformen sind beliebig aus den Spielen der Situationsreihe zu entnehmen und können den räumlichen Gegebenheiten sowie dem Könnensstand der Klasse leicht angepaßt werden.

7   Außerunterrichtliche Veranstaltungen

7.1   Wettspiele im Schulsport

Neben dem verbindlichen Sportunterricht haben zusätzliche Spielangebote für das Handballspielen in der Schule höchste Bedeutung. Außerunterrichtliche Veranstaltungen bilden die Brücke zwischen dem Handballspielen innerhalb und außerhalb der Schule.
Die Kooperation Schule und Verein hat hierbei einen hohen Stellenwert. Nicht nur die Schule und der Verein sollten dabei betroffen sein, sondern ganz besonders wichtig ist das Einbeziehen des Elternhauses.
Der Schulsport allein kann die vielfältigen Aufgaben und Ziele nicht erfüllen.
Der Leistungs- und Wettkampfgedanke als Mannschaftswettbewerb sollte durch außerunterrichtliche Spielangebote vorangetrieben werden

Klassenwettkämpfe - Schulturniere - Schulsporttage - Dorf- oder Stadtmeisterschaften bis hin zur Teilnahme am Wettbewerb "Jugend trainiert für Olympia" sind die breite Palette von wertvollen und beliebten Handballereignissen.

Klassenspiele und Handball-Schulturniere bilden die sportliche Basis der Handball-Schulsport-Pyramide. Die Schüler sollten bei der Planung und Organisation dieser Schulveranstaltungen einbezogen werden.
Bewährt hat sich die Zusammenarbeit von Sportlehrern und der Schülermitverantwortung (SMV), sowie mit Schülern, die über Vereinserfahrung verfügen.

Die schulfreien Samstage sind für die Durchführung besonders geeignet. Die Teilnehmerzahlen und die Begeisterung der Schüler zeigen, wie wichtig solche Turnierveranstaltungen sind.
Jedes Handballturnier braucht jedoch einen würdigen Rahmen.

Die Begrüßung aller Teilnehmer, die Bekanntgabe des organisatorischen Ablaufes sowie eine echte Siegerehrung gehören einfach dazu.

Der Schulleiter und ein Repräsentant des örtlichen Handballvereins sollten vorbeischauen und am besten die Siegerehrung selbst vornehmen.

Örtliche Sponsoren lassen sich immer finden, um die Leistungen der Schüler zu honorieren. Die Schüler wollen, daß die Öffentlichkeit und alle am Schulleben Beteiligten von ihren Leistungen erfahren (örtliche Presse, Info Schwarzes Brett, Schulzeitschrift...). Diejenigen, die mit Engagement das Handballturnier organisiert haben, dürfen nicht vergessen werden!

Die Spitze der Pyramide Handball in der Schule bildet sicherlich der Mannschaftswettbewerb "Jugend trainiert für Olympia".

Bei allen Wettbewerben ist oberstes Gebot:

FAIR PLAY- Mach mit!

Mitspielen mit Hand und Ball können alle Schüler.
Dabeisein ist alles.

Nähere Einzelheiten über die angesprochenen Schulsportwettbewerbe sind den amtlichen Ausschreibungen zu entnehmen, wie z. B.:

Mach mit!	Schulsportwettbewerbe 1993/94, Ministerium für Kultus und Sport Baden-Württemberg (1993)
Schulsporttag, Hinweise und Anregungen zur Gestaltung von Schulsporttagen	Ministerium für Kultus und Sport Baden-Württemberg (1993) Kultusministerium Rheinland-Pfalz (2. Auflage)
Sport in Schule und Verein	Bayerisches Staatsministerium für Unterricht, Kultus, Wissenschaft und Kunst und Bayerischer Landes-Sportverband (RB Nr. 05/92/12)
Sport in Schule und Verein	Kultusministerium Rheinland-Pfalz Landessportbund Rheinland-Pfalz (1988)
Im Sport vereint	Kultusministerium BW (1988)
4+1 Spielen Mini-Handball	Deutscher Handball-Bund Westfalendamm 77, Dortmund
Kinder spielen Handball	DHB, Westfalendamm 77, Dortmund

Empfehlungen zur Turnierbestimmung

Mögliche Abweichungen:

- alle Klassen und alle Schüler können teilnehmen
- Klassen können auch mehrere Mannschaften melden
- Meldungen sind abzugeben bis:
- Organisator:

- Alterseinteilungen:

Wettkampf I / Jahrgang: 19...
Wettkampf II / Jahrgang: 19...
Wettkampf III/ Jahrgang: 19...
Wettkampf IV/ Jahrgang: 19...

- gespielt wird in reinen
  Jungenmannschaften,
  Mädchenmannschaften oder
  Jungen und Mädchen zusammen.

Regelwerk:
Gespielt wird nach den Regeln des Deutschen Handball-Bundes
DHB-Geschäftsstelle, Westfalendamm 77,
44141 Dortmund

- Die Spielzeit beträgt (mindestens) 2 x 10 Minuten.
- Die Mannschaften können beliebig viele Spieler einsetzen.
- Jeder Spieler darf nur in einer Mannschaft spielen.
- Bei Punktgleichheit erfolgt sofort 7m-Werfen (6 Feldspieler und 1 Torwart).
- Eine Mannschaft besteht aus
  3 Feldspielern und einem Torwart,
  4 Feldspielern und einem Torwart oder
  5 Feldspielern und einem Torwart
  (je nach Altersstufe).

- Während des Turniers kann gegen einen Spieler nur eine Strafzeit von 2 Min. vehängt werden. Die zweite Hinausstellung für 2 Min. bewirkt denTurnierausschluß.
- Die Mannschaft darf nach 2 Min. auf die volle Spielerzahl ergänzen.
- Die Turnierleitung nimmt Zeit. Sie führt Anspiel und Schlußpfiff aus.
- Zeitnahme für hinausgestellte Spieler mit separater Stoppuhr.
- Schüler, die die Schiedsrichterentscheidungen wiederholt kritisieren, den Schiedsrichter oder die Turnierleitung beleidigen, werden vom Turnier ausgeschlossen.
- Alle Schüler müssen Sportkleidung tragen!

7.2   Organisation eines Schulturniers

Die Bedeutung von schulinternen oder schulübergreifenden Turnieren muß deutlich herausgestellt werden.

Sie sind in der Schülerwelt das "Salz in der Suppe".
Gerade hier können Schüler sich entfalten und eine positive Einstellung zum sportlichen Wettkampf entwickeln.

Im folgenden sollen einfache Anregungen für die Organisation eines Handballturniers aufgezeigt werden.

In Turnieren, bei denen "Jeder gegen Jeden" spielen soll, ergibt sich folgende Anzahl an Spielen:

Teilnehmende Mannschaften sollten:

- keine langen Pausen haben;
- nicht zweimal hintereinander spielen müssen;
- einheitliche Trikot- oder Hemdfarben tragen;
- einen Mannschaftsführer benennen;
- ...

Mannschaften	Spiele
3	3
4	6
5	10
6	15
7	21
8	28

$$\frac{n}{2}\,(n-1) = \dots \text{ Spiele}$$

$$\frac{6}{2}\,(6-1) = 15 \text{ Spiele}$$

n = teilnehmende Mannschaften

Checkliste Schulturnier

- verantwortlicher Sportlehrer ?
- Terminabsprache mit dem Schulleiter
- Terminabsprache Schulträger
- Hallenbelegung, Absprache mit Hausmeister
- Sicherheitsaspekte/Sanitäterdienst
- Rufnummer DRK/Notarzt
- Turnier schulintern/ Einladung an andere Schulen
- Benachrichtigung der Eltern und der örtlichen Vereine
- Kooperation Schule und Verein: Bälle, Tore, Schiedsrichter...
- Ausschreibung am "Schwarzen Brett"
- (Turnierplan, Spielregeln, Organisation, Meldeverfahren)
- Information der örtlichen Presse
- Werbeplakate in Schule und Gemeinde
- Einladungen an Ehrengäste
- Wer begrüßt?
- Wer führt die Siegerehrung durch?
- Wofür gibt es Preise? (FAIR PLAY, bester Spieler, beste Mannschaft, bester Torwart...)
- Sachpreise für die Teilnehmer und Siegerehrung
- Spielfeld, Markierungen, Tore, Sporttrikots, Bälle,
- 2 Stoppuhren für Zeitnehmer vorbereiten
- Tische, Stühle für die Turnierleitung
- Anzeigetafel/Turnierstand/Lautsprecheranlage/Megaphon)
- Einladungen Vertreter des öffentlichen Lebens
- bekannte Handballspieler oder Trainer der Region (sogar als Schiedsrichter?)
- Pausenverpflegung/Getränke

ERGEBNISTABELLE
FÜR 3 MANNSCHAFTEN

PLAZIERUNG	MANNSCHAFT / MANNSCHAFT	TORE	PUNKTE	TORE	PUNKTE	SUMME TORE	SUMME PUNKTE
⚽							
⚽							
⚽							

ERGEBNISTABELLE
FÜR 4 MANNSCHAFTEN

PLAZIE-RUNG	MANNSCHAFT / MANNSCHAFT								SUMME	
	TORE	PUNKTE	TORE	PUNKTE	TORE	PUNKTE	TORE	PUNKTE	TORE	PUNKTE
			TORE	PUNKTE	TORE	PUNKTE	TORE	PUNKTE	TORE	PUNKTE
	TORE	PUNKTE			TORE	PUNKTE	TORE	PUNKTE	TORE	PUNKTE
	TORE	PUNKTE	TORE	PUNKTE			TORE	PUNKTE	TORE	PUNKTE

ERGEBNISTABELLE
FÜR 5 MANNSCHAFTEN

PLAZIE-RUNG	MANNSCHAFT / MANNSCHAFT										SUMME	
		TORE	PUNKTE	TORE	PUNKTE	TORE	PUNKTE	TORE	PUNKTE	TORE	PUNKTE	
⚽				TORE	PUNKTE	TORE	PUNKTE	TORE	PUNKTE	TORE	PUNKTE	
⚽		TORE	PUNKTE			TORE	PUNKTE	TORE	PUNKTE	TORE	PUNKTE	
⚽		TORE	PUNKTE	TORE	PUNKTE			TORE	PUNKTE	TORE	PUNKTE	
⚽		TORE	PUNKTE	TORE	PUNKTE	TORE	PUNKTE			TORE	PUNKTE	
⚽		TORE	PUNKTE	TORE	PUNKTE	TORE	PUNKTE	TORE			TORE	PUNKTE

TURNIERPLAN

SPIEL - NR.:	UHRZEIT	SPIELPAARUNG	SPIELFELD	ERGEBNIS	PUNKTE

URKUNDE

HANDBALLTURNIER

hat

mit der Mannschaft:

den **Platz**

belegt.

Ort, Datum

Stempel

Sicherheitserziehung und Unfallverhütung

Alle Spielformen betonen FAIR PLAY, mannschaftliches Zusammenspiel und die Erziehung zur Selbständigkeit.

Die Beispiele basieren auf einem pädagogisch vertretbaren Risiko.

Die Erziehung der Schüler zu geordnetem, umsichtigem und mitverantwortlichem Verhalten ist eine wichtige Vorsorge gegen Verletzungen.

Abb. 107

Eine gezielte physische und psychische Vorbereitung in der Aufwärmphase (vor allem Ballgewöhnung-Kräftigung-Dehnung) ist ebenso wichtig zur Unfallverhütung, wie die konsequente Regelumsetzung durch den Schiedsrichter.

Viele Unfälle im Sportunterricht sind u.a. auf Mängel in der Aufwärmphase zurückzuführen.

Die Aufwärmphase hat neben der Ballgewöhnung und Technikvariation die wichtige Aufgabe, den Körper auf die kommende Belastung vorzubereiten, Unfälle zu vermeiden und die physisch-psychische Leistungsbereitschaft der Schüler herzustellen.

Die Kräftigung und Dehnung der Hauptmuskelgruppen, vor allem der wichtigsten und im folgenden Stundenteil besonders beanspruchten Muskelgruppen, stehen dabei im Vordergrund.

Beachte: Im Schüler- und Jugendbereich ist der Kräftigung meistens die größere Bedeutung beizumessen. Die Stabilisierungsübungen "stabilisieren" die Körpergrundspannung.

Sinnvoll ist, die Schüler zur Selbständigkeit und Mitverantwortung für diesen Stundenteil zu erziehen und mit ihnen Teile des Aufwärmprogrammes zu erarbeiten. Bewährt hat sich, einzelne Übungen auf Schüler zu übertragen, damit die Schüler in der Lage sind, diesen Stundenteil individuell oder in der Gesamtgruppe selbständig durchzuführen.

Der Lehrer überwacht dabei die korrekten Ausführungen und gibt bei Bedarf Korrekturhilfen.

– Haltedauer oder Anzahl der Wiederholungen bei den Kräftigungsübungen angeben,
– Leistungsdifferenzierung vornehmen (Anzahl, Dauer, Schwierigkeit),
– Überforderung bewirkt meistens falsche Ausführung,
– Dehnübungen langsam, sanft und ohne Schwung (keine Zerrgymnastik!),
– Dehnen *individuell* "so weit es geht" (10 bis 30 Sek.), ruhig und gleichmäßig atmen (den Atem nicht anhalten),
– Grundprinzip:

Anspannung - Entspannung - Dehnung

durchgehend beibehalten.

Beispiele sind im Kapitel 6.2 zu finden.
Alle Beispiele haben nur exemplarischen Charakter und verstehen sich im Zusammenhang mit der Praxis.

Insbesondere ist aus Sicherheitsgründen zu achten auf:

- umherliegende Gegenstände/Bälle sichern,
- funktionsgerechte Sportkleidung,
- gefährdende Gegenstände
  (Uhren, Schmuck...ablegen lassen),
- Spielfeldmarkierungen und Tore,
- angemessener Spielball,
- physische und/oder psychische Überforderung,
- Aggressivität und Konflikte im Spiel,
- deutlich farbliche Kennzeichnung der Mannschaften,
- sportschwache und risikofreudige Schüler.

Spiel den Ball und nicht den Mann !

Abb. 109

Sichere Ballannahme schüzt vor Verletzung:
- Ball aktiv "ansaugen", zum Körper bringen und sichern,
- Handinnenflächen zeigen zum Ball,
- Finger locker spreizen,
- Daumen und Finger bilden "Fangtrichter".

Fair geht vor !

Abb. 108

Abb. 110   Abb. 111

Empfehlung:
Fangen und Werfen sollten nur in der Bewegung mit unterschiedlichsten Aufgabenstellungen geschult werden. Der aufsteigende Ball (Bodenpaß) kann leichter angenommen und gesichert werden.

Einführung in die Spielregeln

Regel 1

Die Spielfläche

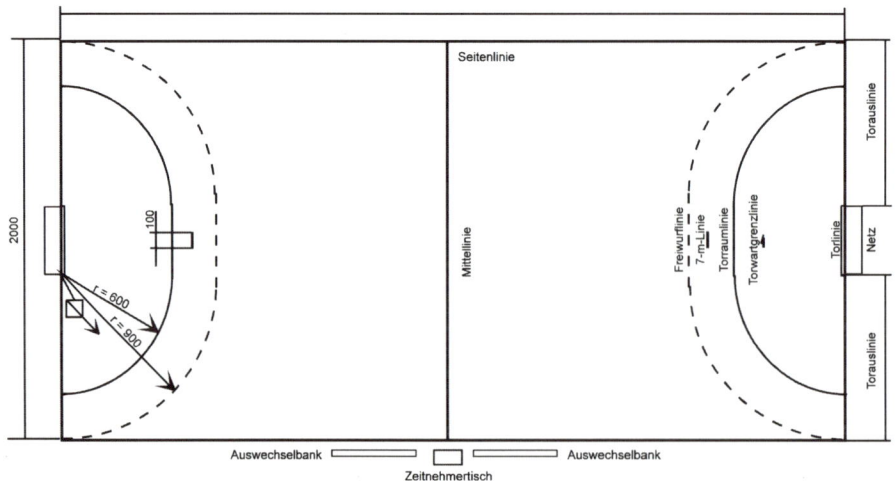

Regel 3

Der Ball

3:1 Der Ball besteht aus einer Leder- oder Kunststoffhülle. Er muß rund sein. Das Außenmaterial darf nicht glänzend oder glatt sein.

3:2 Für Männer muß der Ball bei Beginn des Spieles einen Umfang von 58 - 60 cm und ein Gewicht von 425 - 475 g aufweisen.

Für Frauen muß der Ball einen Umfang von 54 - 56 cm und ein Gewicht von 325 - 400 g aufweisen.

3:3 Bei jedem Spiel müssen zwei der Regel entsprechende Bälle vorhanden sein.

3:4 Der Ball darf während des Spiels nur aus zwingenden Gründen gewechselt werden.

3:5 Bei offziellen internationalen Veranstaltungen und Länderspielen ist die Verwendung eines offiziellen IHF-Balls mit Gütezeichen obligatorisch (IHF-Satzung:Ball-Reglement).

Nur gültig für den Bereich des DHB:

Für Männer und männl. Jugend A muß der Ball bei Beginn des Spieles einen Umfang von 58 - 60 cm und ein Gewicht von 425 - 475 g aufweisen.

Für Frauen, männl. Jugend B und C sowie weibl. Jugend A und B muß der Ball bei Beginn des Spieles einen Umfang von 54 - 56 cm und ein Gewicht von 325 - 400 g aufweisen.

Für männl. Jugend D und E und weibl. Jugend C, D und E muß der Ball bei Beginn des Spieles einen Umfang von 52 cm und ein Gewicht von mindestens 300 g aufweisen.

Regel 4

Die Mannschaft

4:4 Auswechselspieler dürfen während des Spiels jederzeit und wiederholt, ohne Meldung beim Sektretär/Zeitnehmer, eingesetzt werden, sofern die zu ersetzenden Spieler die Spielfläche verlassen haben (4:5).

Dies gilt auch für den Torwartwechsel.

Das Verlassen und Betreten der Spielfläche darf nur über die eigene Auswechsellinie erfolgen (4:5).

Bei einer Spielzeitunterbrechung - time out - darf nur mit Erlaubnis eines Schiedsrichters die Spielfläche vom Auswechselraum zusätzlich betreten werden (Zeichen 18).

Kommentar:

Jedes falsche Verlassen oder Betreten der Spielfläche ist als Wechselfehler zu ahnden, ausgenommen der Spieler verläßt die Spielfläche unabsichtlich.

4:5 Fehlerhaftes Wechseln ist mit Freiwurf (13:1a) an der Stelle zu bestrafen, an welcher der fehlbare Spieler die Seitenlinie überschritten hat. Außerdem ist dieser Spieler hinauszustellen. (17:3a)
Erfolgt das fehlerhafte Wechseln während einer Spielunterbrechung, ist der

fehlbare Spieler ebenfalls hinauszustellen und das Spiel mit dem der Spielsituation entsprechenden Wurf wieder aufzunehmen.

4:6 Betritt ein zusätzlicher Spieler unberechtigt die Spielfläche oder greift ein Auswechselspieler unberechtigt in das Spielgeschehen ein, erhält dieser eine 2-Minuten-Strafe und ein anderer Spieler muß für ihn für zwei Minuten die Spielfläche verlassen.

4:7 Die Feldspieler einer Mannschaft müssen einheitliche Spielkleidung tragen, die sich farblich in Verbindung mit dem Design deutlich von der des Gegners unterscheiden muß. Die als Torwart eingesetzten Spieler müssen sich in der Kleidung ebenfalls farblich von der eigenen, der gegnerischen Mannschaft und dem gegnerischen Torwart unterscheiden(18:3).
Die Spieler müssen Sportschuhe tragen. Das Tragen von Kopf-/ Gesichtsschutz, Armbänder, Armbanduhren, Ringen, Halsketten, Ohrschmuck, Brillen ohne Haltbänder oder mit festen Gestellen sowie alle anderen Dinge, welche die Spieler gefährden könnten, ist nicht erlaubt (18:3).

Spieler, die diese Voraussetzungen nicht erfüllen, dürfen nicht mitspielen, bevor diese Regelwidrigkeiten behoben sind.

Regel 5

Der Torwart

5:1 Ein im Tor eingesetzter Spieler darf

nach Wechseln der Spielkleidung jederzeit als Feldspieler mitwirken, wie auch ein Feldspieler als Torwart. Der Torwartwechsel ist vom Wechselraum aus vorzunehmen.

Es ist dem Torwart **_erlaubt:_**

5:2 bei der Abwehr im Torraum den Ball mit allen Körperteilen zu berühren;

5:4 den Torraum ohne Ball zu verlassen und im Spielfeld mitzuspielen. Er unterliegt in diesem Fall den Spielregeln für die im Feld spielenden Spieler (siehe jedoch 5:12).

Der Torraum gilt als verlassen, sobald der Torwart mit irgendeinem Körperteil den Boden außerhalb der Torraumlinie berührt;

Es ist dem Torwart **_nicht erlaubt:_**

5:11 den außerhalb des Torraumes am Boden liegenden oder rollenden Ball in den Torraum hereinzuholen (14:1b);

5:12 mit dem Ball vom Spielfeld in den Torraum zurückzugehen (14:1b);

b) 7-m-Wurf, wenn der Torwart den Ball berührt und dieser nicht in das Tor gelangt (14:1d);

Regel 6

Der Torraum

6:1 Der Torraum darf nur vom Torwart betreten werden. Der Torraum, eischließlich Torraumlinie, ist betreten, wenn er von einem Feldspieler mit irgendeinem Körperteil berührt wird.

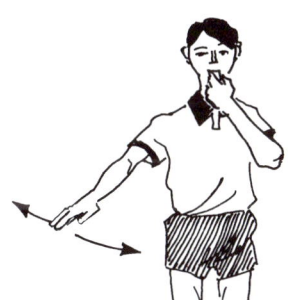

Betreten des Torraumes

6:4 Im Torraum gehört der Ball dem Torwart.

Jedes Berühren des im Torraum liegenden, rollenden oder vom Torwart festgehaltenen Balls ist nicht erlaubt. Ein sich über dem Torraum befindender Ball darf gespielt werden.

6:7 Bei absichtlichem Spielen des Balls in den eigenen Torraum ist wie folgt zu entscheiden, auf:

a) Tor, wenn der Ball in das Tor gelangt;

Regel 7

Das Spielen des Balles

*Es ist **erlaubt:***

7:1 den Ball unter Benutzung von Händen, Armen, Kopf, Rumpf, Oberschenkel und Knien zu werfen, zu fangen, zu stoppen, zu stoßen, zu schlagen oder zu fausten;

7:2 den Ball maximal 3 Sekunden zu halten, auch wenn dieser auf dem Boden liegt;

7:3 sich mit dem gehaltenen Ball höchstens 3 Schritte zu bewegen.

Ballannahme in der Luft

*Nullkontakt
Landung
auf einem Bein*

*gleichzeitige
Landung
auf beiden Beinen*

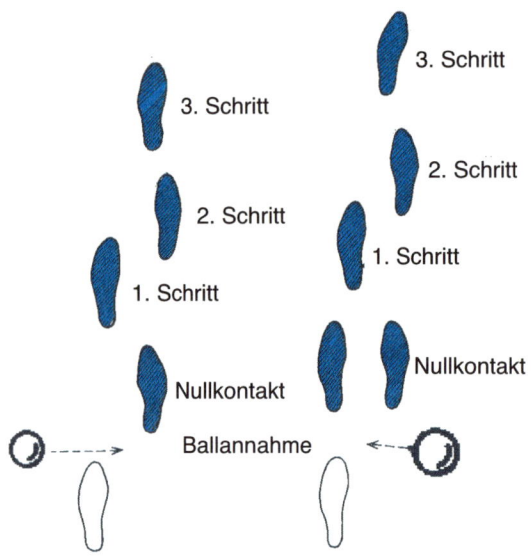

3. Schritt

3. Schritt

2. Schritt

2. Schritt

1. Schritt

1. Schritt

Nullkontakt

Nullkontakt

Ballannahme

Kommentar:

Wird ein Fuß von einer Stelle zu einer anderen hinbewegt, darf der zweite Fuß nachgezogen werden.

7:4 den Ball sowohl am Ort als auch im Laufen:

a) einmal auf den Boden zu tippen und mit einer Hand oder beiden Händen wieder zu fangen;

b) wiederholt mit einer Hand auf den Boden zu prellen oder den Ball am Boden wiederholt mit einer Hand zu rollen und danach mit einer Hand oder beiden Händen wieder zu fangen beziehungsweise aufzunehmen.

Sobald der Ball danach mit einer Hand oder beiden Händen gefaßt wird, muß er nach höchstens 3 Schritten beziehungsweise längstens 3 Sekunden abgespielt werden.

Das Tippen oder Prellen des Balles beginnt erst dann, wenn der Spieler mit irgendeinem Körperteil den Ball berührt und auf den Boden lenkt.

Wenn der Ball einen anderen Spieler, Torpfosten oder Latte berührt hat, ist ein erneutes Tippen oder Prellen und Wiederfangen erlaubt;

7:5 den Ball von einer Hand in die andere zu führen;

7:6 den Ball kniend, sitzend oder liegend weiterzuspielen.

Es ist *nicht erlaubt:*

7:9 sich nach dem liegenden oder rollenden Ball zu werfen (13:1d). Ausgenommen ist der Torwart im eigenen Torraum.

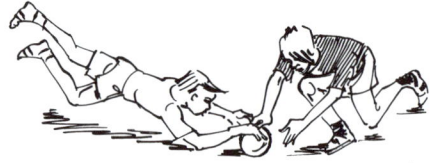

7:11 den Ball im Besitz der eigenen Mannschaft zu halten, ohne daß eine Angriffsaktion oder ein Versuch zum Wurf auf das Tor zu gelangen, erkennbar ist. Dies ist passives Spiel und mit Freiwurf an der Stelle, an der sich der Ball bei der Spielunterbrechung befand, zu ahnden (13:1f).

passives Spiel (Zeitspiel)

Regel 8

Das Verhalten zum Gegner

Es ist *erlaubt:*

8:1 Arme und Hände zu benutzen, um in den Besitz des Balles zu gelangen;

8:2 dem Gegner mit einer offenen Hand den Ball aus jeder Richtung wegzuspielen;

8:3 den Gegner mit dem Körper zu sperren, auch wenn er nicht in Ballbesitz ist.

Es ist *nicht erlaubt:*

8:4 den Gegner mit Armen, Händen oder Beinen zu sperren oder zu behindern;

8:5 den Gegner in den Torraum zu drängen;

8:6 dem Gegner den gefaßten Ball mit einer Hand oder beiden Händen zu entreißen oder wegzuschlagen;

8:7 die Faust zu benutzen, um dem Gegner den Ball wegzuspielen;

8:8 mit dem Ball den Gegner zu gefährden oder als gefährlichesTäuschungsmanöver den Ball gegen den Gegner zu führen;

8:9 den Torwart zu gefährden;

8:10 den Gegner mit einem Arm oder beiden Armen zu umklammern, ihn festzuhalten oder zu stoßen;

Umklammern, Festhalten, Stoßen

05

8:11 den Gegner anzurennen oder anzuspringen, ihm das Bein zu stellen, zu schlagen oder ihn auf andere Weise zu gefährden.

Stoßen, anrennen, anspringen -
Stürmerfoul, Stürmervergehen

8:12 Bei Regelwidrigkeiten im Verhalten zum Gegner (8:4-11) ist auf Freiwurf beziehungsweise auf 7-m-Wurf (14:1a) zu entscheiden.

Regel 9

Der Torgewinn

9:1 Ein Tor ist erzielt, wenn der Ball die Torlinie vollständig überquert hat, sofern vor dem oder beim Wurf der Werfer oder seine Mitspieler sich nicht regelwidrig verhalten haben.

Torgewinn

Gelangt der Ball ins Tor, obwohl ein Spieler der verteidigenden Mannschaft eine Regelwidrigkeit begangen hat, ist auf Tor zu erkennen.

Haben die Schiedsrichter oder der Zeitnehmer das Spiel unterbrochen, bevor der Ball die Torlinie überquert hat, darf nicht auf Tor entschieden werden.

Ein in das eigene Tor gelangter Ball bringt Torgewinn für die gegnerische Mannschaft, sofern der Ball vorher nicht die Torauslinie passiert hatte.

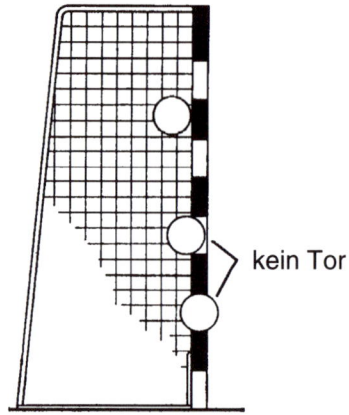

Torgewinn

Kommentar:

Wird dem Ball der Weg ins Tor durch einen am Spiel Nichtbeteiligten verwehrt (Zuschauer usw.), muß auf Tor entschieden werden, wenn die Schiedsrichter der Überzeugung sind, daß der Ball ohne das Eingreifen des Nichtbeteiligten ins Tor gelangt wäre.

Regel 10

Der Anwurf

10:1 Anwurf hat bei Spielbeginn die Mannschaft, die beim Losen den Ball gewählt hat; die andere Mannschaft hat das Recht, die Seite zu wählen. Wird beim Losen die Seite gewählt, hat die andere Mannschaft Anwurf.

Zu Beginn der 2. Halbzeit hat die andere Mannschaft Anwurf.

Zu den Verlängerungen wird erneut um den Anwurf oder die Seite gelost.

10:2 Nach jedem Tor hat die Mannschaft Anwurf, gegen die das Tor erzielt worden ist.

Regel 11

Der Einwurf

11:1 Auf Einwurf wird entschieden, wenn der Ball die Seitenlinie vollständig überquert hat oder wenn ein Feldspieler der verteidigenden Mannschaft den Ball zuletzt berührt hat und dieser dann die Torauslinie überquert.

11:2 Der Einwurf wird ohne Anpfiff von der Mannschaft ausgeführt, deren Spieler den Ball vor dem Überqueren der Seiten- oder Torauslinie nicht zuletzt berührt haben.

11:3 Der Einwurf ist an der Stelle auszuführen, an der der Ball die Seitenlinie überquert hat oder vom Ende der Seiten-

linie auf der Seite des Tores, an der der Ball die Torauslinie überquert hat.

Einwurf

11:4 Der Einwerfende muß mit einem Fuß auf der Seitenlinie stehen, bis der Ball die Hand verlassen hat.

Niederlegen und Wiederaufnehmen oder Prellen und Wiederaufnehmen des Balles ist demselben Spieler nicht erlaubt.

11:5 Die Gegner dürfen beim Einwurf nicht näher als 3 m an den Einwerfenden herantreten.

Sie dürfen sich aber in allen Fällen an der Torraumlinie aufstellen, auch wenn der Abstand weniger als 3 m beträgt.

Nichtbeachten des Drei-Meter-Abstandes

87

Regel 12

Der Abwurf

12:1 Auf Abwurf wird entschieden, wenn der Ball über die Torauslinie gelangte.

12:2 Der Abwurf ist ohne Anpfiff aus dem Torraum über die Torraumlinie auszuführen.

Der Abwurf gilt als ausgeführt, wenn der vom Torwart gespielte Ball die Torraumline passiert hat.

12:3 Bleibt der Ball während des Spiels im Torraum, muß der Torwart den Ball wieder ins Spiel bringen.

12:4 Der Torwart darf nach Ausführung des Abwurfs den Ball erst wieder berühren, nachdem dieser einen anderen Spieler berührt hat.

Regel 13

Der Freiwurf

13:2 Der Freiwurf erfolgt ohne Anpfiff grundsätzlich an der Stelle, wo der Fehler begangen wurde.

Freiwurf-Richtung

Liegt die Stelle, an der ein Fehler begangen worden ist, bei einem Freiwurf der angreifenden Mannschaft zwischen Torraum- und Freiwurflinie, wird dieser Freiwurf von der nächsten Stelle unmittelbar außerhalb der Freiwurflinie ausgeführt.

13:5 Bei der Ausführung des Freiwurfs müssen die Spieler der gegnerischen Mannschaft mindestens 3 m vom Werfer entfernt sein; bei der Ausführung an der Freiwurflinie dürfen sie sich jedoch an der Torraumlinie aufstellen.

Regel 14

Der 7-m-Wurf

14:1 Auf 7-m-Wurf wird entschieden bei:

a) regelwidrigem Vereiteln einer klaren Torgelegenheit auf der gesamten Spielfläche, auch durch einen Offiziellen;

b) Hereinholen des Balls oder Hineingehen mit dem Ball in den Torraum durch den Torwart (5:11-12);

c) Betreten des eigenen Torraums, um sich einen Vorteil gegenüber dem ballbesitzenden Angriffspieler zu verschaffen.

d) absichtlichem Spielen des Balls zu dem sich in seinem Torraum befindenden Torwart, wenn dieser den Ball berührt. (6:7b);

e) unberechtigtem Abpfiff bei klarer Torgelegenheit;

f) Vereiteln einer klaren Torgelegenheit durch das Eingreifen eines am Spiel Nichtbeteiligten (ausgenommen 9:1 Kommentar).

14:2 Der 7-m-Wurf ist nach Anpfiff des Feldschiedsrichters innerhalb von 3 Sekunden als Torwurf auszuführen (13:1m).

14:3 Bei der Ausführung des 7-m-Wurfs darf der Werfer die 7-m-Linie weder berühren noch überschreiten, bevor der Ball die Hand verlassen hat (13:1m).

14:4 Nach Ausführung des 7-m-Wurfs darf der Ball erst wieder gespielt werden, nachdem der Torwart, Torpfosten oder Latte berührt hat (13:1m).

14:5 Bei der Ausführung des 7-m-Wurfs dürfen sich außer dem Werfer keine Spieler zwischen der Torraum- und der Freiwurflinie befinden.

Regel 15

Der Schiedsrichterwurf

15:1 Auf Schiedsrichterwurf wird entschieden:

a) wenn Spieler beider Mannschaften auf der Spielfläche gleichzeitig einen Fehler begehen;

b) wenn der Ball die Decke oder festgemachte Gegenstände über der Spielfläche berührt;

c) wenn das Spiel unterbrochen worden ist, ohne daß ein Regelverstoß vorliegt und keine Mannschaft in Ballbesitz ist.

15:2 Bei Schiedsrichterwurf ist immer "time out" zu geben.

Spielzeitunterbrechung

5:3 Der Feldschiedsrichter wirft mit Anpfiff den Ball am Mittelpunkt des Spielfeldes senkrecht hoch.

15:4 Bei der Ausführung des Schiedsrichterwurfs müssen bis auf je einen Spieler der beiden Mannschaften alle anderen Spieler mindestens 3 m vom hochwerfenden Schiedsrichter entfernt sein.

Die beiden um den Ball kämpfenden Spieler sollen neben dem Schiedsrichter auf der ihrem Tor zugewandten Seite stehen.

Schiedsrichterwurf

89

Der Ball darf erst gespielt werden, wenn er seinen höchsten Punkt erreicht hat.

Regel 16

Die Ausführung der Würfe

16:1 Alle Spieler müssen die der betreffenden Regel entsprechende Stellung eingenommen haben.

Eine falsche Ausgangsstellung bei den Würfen ist zu korrigieren (siehe jedoch 13:4).

Vor der Ausführung aller Würfe muß sich der Ball in der Hand des Werfers befinden.

16:2 Bei der Ausführung des An-, Ein-, Frei- oder 7-m-Wurfs muß ein Teil des einen Fußes ununterbrochen am Boden bleiben. Der andere Fuß darf wiederholt vom Boden abgehoben und wieder hingesetzt werden.

16:4 Ein Wurf gilt als ausgeführt, wenn der Ball die Hand des Werfers verlassen hat (siehe jedoch 12:2, 15:3).

Bei der Ausführung eines Wurfs darf der Ball vom Werfer einem Mitspieler nicht übergeben beziehungsweise von diesem berührt werden.

16:6 Alle Würfe können unmittelbar zu einem Tor führen (siehe jedoch 9:1).

Regel 18

Die Schiedsrichter

18:1 Jedes Spiel wird von zwei gleichberechtigten Schiedsrichtern geleitet, denen ein Sekretär und ein Zeitnehmer zur Seite stehen.

Nur gültig für den Bereich des DHB:

Im notwendigen Fall können Spiele von einem Schiedsrichter geleitet werden.

18:2 Die Aufsicht über das Verhalten der Spieler beginnt für die Schiedsrichter mit dem Betreten der Wettkampfstätte und endet mit deren Verlassen.

18:13 Die Tatsachenfeststellungen der Schiedsrichter aufgrund ihrer Beobachtungen sind unanfechtbar.

Schiedsrichterzeichen

Betreten des Torraumes

Fang-, Prell- oder Tippfehler

Abwurf aus dem Torraum

Verwarnung = gelbe Karte
Disqualifikation = rote Karte

Torgewinn

Hinausstellung (2 Minuten)

Schritt- oder Zeitfehler

Ausschluß

Schiedsrichterzeichen

Spielzeitunterbrechung

Freiwurf-Richtung

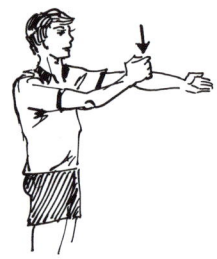

Schlagen

Nichtbeachten des Drei-Meter-Abstandes

Umklammern, Festhalten oder Stoßen

Einwurf

Anrennen, Anspringen - Stürmerfoul, Stürmervergehen

Passives Spiel

Schiedsrichterzeichen

Schiedsrichterwurf
"Hochball"

Kontaktadressen

Die folgenden Institutionen stehen gerne zur Unterstützung der Spielschule Handball zur Verfügung, insbesondere für Begleitmaterial(ien) oder als Hilfe bei der Organisation von außerunterrichtlichen Veranstaltungen.

Geschäftsstelle Deutscher Handball-Bund e.V.
Westfalendamm 77
44141 Dortmund

IHF
Internationale Handball Federation
Lange Gasse 10
CH-4052 Basel

EHF
Europäische Handball Föderation
Gutheil-Schoder-Gasse 9
A-1100 Wien

DSB
Deutscher Sportbund
Otto-Fleck-Schneise 12
60528 Frankfurt

Berlin
Bismarckallee 2
14193 Berlin 33

Handball-Verband Brandenburg
Postfach 90 02 09
14438 Potsdam

Hamburger Handball-Verband
Schäferkampsallee 1
20357 Hamburg 36

Handball-Verband Mecklenburg-Vorpommern
Schwedenstr. 25
17033 Neubrandenburg

Handball-Verband Schleswig-Holstein
Winterbeker Weg 49
24113 Kiel

Bremer Handball-Verband
Haus des Sports
Eduard-Grunow-Str.30
28203 Bremen 1

Handball-Verband Niedersachsen
Maschstr. 20
30169 Hannover 1

Handball-Verband Sachsen- Anhalt
Abendstr. 17
39124 Magdeburg

Badischer Handball- Verband
Stephanienstr. 86
76133 Karlsruhe 1

Bayerischer Handball-Verband
Georg-Brauchle-Ring 93
80971 München 50

Südbadischer Handball-Verband
Postfach 1263
79265 Bötzingen

Handball-Verband Württemberg
Postfach 10 21 24
70017 Stuttgart

Handball-Verband Sachsen

Friedrich Ebert-Str. 105
04105 Leipzig

Hessischer Handball-Verband

Otto-Fleck-Schneise 4
60528 Frankfurt 71

Pfälzer Handball-Verband

Brühl 14 a
67454 Haßloch

Handball-Verband Rheinhessen

Rheinallee 1
55116 Mainz 1

Handball-Verband Saar

Haus des Sports
Saaruferstr. 16
66117 Saarbrücken 1

Thüringer Handball-Verband

Anger 55
99084 Erfurt

Handball-Verband Mittelrhein

Postfach 30 05 69
5060 Bergisch Gladbach

Handball-Verband Niederrhein

Feuerbachstr. 80
40223 Düsseldorf 1

Handball-Verband Rheinland

Postfach 249
56002 Koblenz

Handball-Verband Westfalen

Karl-Marx-Str. 66
44141 Dortmund 1

Literaturverzeichnis

Das folgende Literaturverzeichnis gibt einen Überblick über Publikationen zu den verschiedenen im Buch behandeltenThemenbereichen (ohne Anspruch auf Vollständigkeit).

ANDRESEN,R. / HAGEDORN,G.:
Zur Sportspielforschung.
In Reihe: Theorie und Praxis der Sportspiele. Band 1 Berlin 1976.

ANDRESEN/HAGEDORN:
Lernen im Sportspiel. B.u.W.,1982.

BAUMBERGER:
Handball Spielen lernen.
Zürichsee/SVSS 1990.

BAGUV:
"Handball in der Schule - Wege zum sicheren Spiel"
Film und Broschüre "Unfallverhütung beim Handball".

BUCHER:
1004 Spiel- u. Übungsformen im Handball.
Schorndorf 1993.

CZWALINA:
Systematische Spielbeobachtung in den Sportspielen.
Schriftenreihe zur Praxis der Leibeserziehung und des Sports.
Band 101. Schorndorf 1976.

CZWALINA:
Methodisches Handeln im Sportunterricht.
Schorndorf 1988

DEUTSCHER FUSSBALL-BUND (Hg.):
Mit kleinen Spielen zum großen Spiel. Frankfurt a. M. 1983.

DEUTSCHER HANDBALL-BUND:
Internationale Hallenhandball-Regeln: August 1994.

DEUTSCHER HANDBALL-BUND:
Kommt wir spielen Handball.
Dortmund 1993.

DIETRICH:
Fußball, spielgemäß lernen - Spielgemäß üben. Band 22,
Schorndorf 1977.

DIETRICH:
Sportspiele.
Hamburg 1985.

DIETRICH/DÜRRWÄCHTER/SCHALLER:
Die großen Spiele.
Schorndorf 1983.

DÖBLER,E. DÖBLER,H.:
Kleine Spiele. Berlin 1987.

DÜRRWÄCHTER:
Volleyball- spielend lernen, spielend trainieren. Band 14,
Schorndorf 1979.

EMRICH:
Handball in der Schule. Eine Spielreihe nach dem
spielgemäßen Konzept, unveröffentliches Manuskript
aus der Lehrerfortbildung, OSA Freiburg.

EMRICH;SCHUBERT;SPÄTE;ROTH:
Handball-Handbuch 3.
Münster 1992.

GOLLHOFER,A.:
Komponenten der Schnellkraftleistungen
im Dehnungs-Verkürzungs-Zyklus.
SFT Verlag Erlensee.

KÄSLER:
Handball.
Schriftenreihe zur Praxis der Leibeserziehung und des Sports.
Band 32.Schorndorf 1980.

KÄSLER:
Das Training des jugendlichen Handballers.
Schorndorf: Hofmann 1982.

KÄSLER:
Handball- vom Erlernen zum wettkampfmäßigen Spiel.
Schorndorf: Hofmann 1980.

KNEBEL, K.-P.:
Funktionsgymnastik.
Reinbek bei Hamburg 1990.

KOCH, K.:
Kleine Sportspiele. Hofmann.
Schorndorf 1969.

MINISTERIUM FÜR KULTUS UND SPORT
IN BADEN-WÜRTTEMBERG (Hg):
Bildungspläne Sport für die allgemeinbildenden Schulen
(LPH 5-8: Grund-, Haupt-, Realschule und Gymnasium).
Stuttgart 1984.

MINISTERIUM FÜR KULTUS UND SPORT
IN BADEN-WÜRTTEMBERG (Hg):
Im Sport vereint (Broschüre). Stuttgart 1988.

MINISTERIUM FÜR KULTUS UND SPORT
IN BADEN-WÜRTTEMBERG (Hg):
Schulsportwettbewerbe Schuljahr 1989/90 (Broschüre).
Stuttgart 1989.

MÜLLER;STEIN; KONZAG:
Handball spielend trainieren.
Berlin 1992.

PREIBSCH/REICHARDT:
Schon-Gymnastik.
BLV 1989.

RAMMLER /ZÖLLER:
Kleine Spiele - wozu ?
Wiesbaden 1988.

SCHALLER:
Handball.
in :DIETRICH/DÜRRWÄCHTER;SCHALLER
Die großen Spiele Wuppertal:Putty 1976,1982,124-164.

SCHEUER; SCHMIDT; ZÖLLER:
Praxis-Handbuch Sport.
Böblingen 1986.

SINGER:
Spielschule Hallenhandball.
Stuttgart: CD 1976.

SÖLL, W.:
Leistungsbewertung und Notenregelung im Sport.
Lehrhilfen für den Sportunterricht.

SÖLVEBORN:
Stretching.
München 1983.

SPORTPRAXIS:
Fachzeitschrift 1989 - 1993.
Limpert Verlag.

DER ÜBUNGSLEITER:
Sammelband 1-4.
Limpert Verlag.

WEICHERT:
Handball.
Schorndorf 1978.

Mit der Natur im Bunde
Umweltfreundlich für Sie versiegelt
SCHWARZWALDPERLE
0,7 l
NATURFRISCH AUS DEM SCHWARZWALD
Peterstaler Mineralwasser
Peterstaler Mineralwasser
SCHWARZWALDPERLE
NATÜRLICHES MINERALWASSER
MIT KOHLENSÄURE VERSETZT, ENTEISENT
AUS DER PETERSTALER MINERALQUELLE
SCHWARZWALDPERLE
Peterstaler Rippoldsauer
Naturfrisch aus dem Schwarzwald
Peterstaler & Rippoldsauer Mineralquellen GmbH, Bad Peterstal/Schwarzwald

ERNÄHREN WIE EIN PROFI

MINERALSTOFFE/ VITAMINE	FLÜSSIGKEIT	KOHLENHYDRATE	EIWEISS
MINERALPLUS	**ISOSTAR**	**PERFORM**	**POWERPLAY**
Mineralstoff/Vitamin-Konzentrat	isotonischer Durstlöscher	konzentrierte Kohlenhydrate	Proteinkonzentrate
ZEITPUNKT DES VERZEHRS	***ZEITPUNKT DES VERZEHRS***	***ZEITPUNKT DES VERZEHRS***	***ZEITPUNKT DES VERZEHRS***
• vor dem Wettkampf/Training zum Aufbau von Mineralstoffdepots • nach dem Wettkampf/Training zur schnelleren Regeneration	• während dem Wettkampf/ Training nach Bedarf	• vor dem Wettkampf/ Training zum Aufbau von Energiedepots • während dem Wettkampf/ Training zur schnellen Verfügbarkeit von Energie	• vor und nach dem Wettkampf/Training zum Muskelaufbau • als Zwischenmahlzeit
SPORTARTEN	***SPORTARTEN***	***SPORTARTEN***	***SPORTARTEN***
Tennis, Squash, Badminton Fußball, Handball, Volleyball Hockey, Basketball Marathon, Triathlon, Leichtathletik Radsport, Tanzen Fechten	alle Sportarten	Marathon, Triathlon, Langlauf Leichtathletik, Turnen Radsport Fußball, Handball, Volleyball Schwimmen Tennis, Squash, Badminton	Bodybuilding, Boxen, Ringen Turnen, Judo, Karate Rudern Bergsteigen Kugelstoßen Diskuswerfen, Speerwerfen
Dosierung nach Bedarf	Dosierung nach Bedarf	Dosierung nach Bedarf	Dosierung nach Bedarf

WANDER sport

Wander GmbH Dr.-Wander-Str. 11 67574 Osthofen Tel. 0 64 42/50 50

INTERSPORT ®

Just for winners

Immer vorn dabei sein! Spaß haben am Sport und an aktivem Lebensgefühl. So sind wir. Über 4.200 Sportfachhändler, die sich in 16 Ländern zur INTERSPORT-Gruppe zusammengeschlossen haben. Auf Erfolgskurs mit dem Fachwissen und der Einkaufskraft einer weltweit operierenden Organisation. Durch unsere besonderen Leistungen gewinnen auch Sie - Top-Auswahl, kompetente Beratung und faire Preise. Überzeugen Sie sich bei ihrem örtlichem INTERSPORT-Fachgeschäft.

INTERSPORT ®

Shops for Winners

FÜR ALLE, DIE AM BALL BLEIBEN MÜSSEN.

DER SAFTIGE UNTERSCHIED

Vaihinger

Wer beim Sport Schritt halten will, muß auf die richtige Ernährung achten. Dazu gehören auch Vitamine, wie sie in den Fruchtsäften von Vaihinger zu finden sind. Für Abwechslung ist gesorgt. Allein das Mehrwegsortiment umfaßt schon 15 verschiedene Sorten aus 100%igem Fruchtsaft oder hochprozentigem Nektar.

Natürlich schmecken unsere Säfte nicht nur Sportlern. Aber eines ist sicher: Wer auf Fruchtsaft baut, der ist dem Sieg schon ein ganzes Stück näher.

Vaihinger Fruchtsäfte, Telefon (0711) 73 70-0, Telefax (0711) 73 70-417.

DER NEUE VAIHINGER

**"Spielen und Toben
ohne Ecken und Kanten"**

FORMSCHÖNE WÄRMEKÖRPER. *zehnder*®

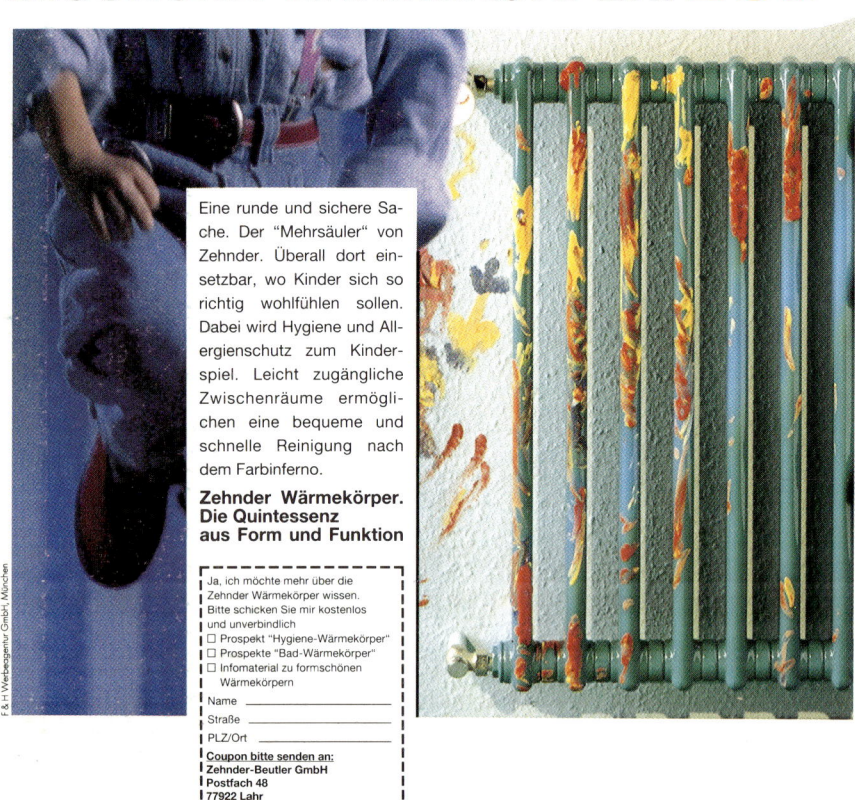

Eine runde und sichere Sache. Der "Mehrsäuler" von Zehnder. Überall dort einsetzbar, wo Kinder sich so richtig wohlfühlen sollen. Dabei wird Hygiene und Allergienschutz zum Kinderspiel. Leicht zugängliche Zwischenräume ermöglichen eine bequeme und schnelle Reinigung nach dem Farbinferno.

**Zehnder Wärmekörper.
Die Quintessenz
aus Form und Funktion**

Ja, ich möchte mehr über die
Zehnder Wärmekörper wissen.
Bitte schicken Sie mir kostenlos
und unverbindlich
☐ Prospekt "Hygiene-Wärmekörper"
☐ Prospekte "Bad-Wärmekörper"
☐ Infomaterial zu formschönen
　 Wärmekörpern

Name _____

Straße _____

PLZ/Ort _____

Coupon bitte senden an:
Zehnder-Beutler GmbH
Postfach 48
77922 Lahr

F & H Werbeagentur GmbH, München